これは、昭和な呪いを解いて
自分らしさを取り戻し
新しい未来を切り拓いていく
あなたのストーリーです。

某食品メーカー本社
某広告会社　営業部
真面目《まじめ》 誠司《せいじ》
ムッ!!
今日のプレゼンは大失敗だったな～
やっぱりそうですかね…
誠司の先輩
調子《ちょうし》 紀男《のりお》
内容どうこうの前におまえ、暗いんだよ!滑舌悪ぃ～し!

お疲れ様で～す
今、戻りました～
プレゼンはどうだった？
営業部課長
田中《だなか》・マウント・都留代《とるよ》
こいつ、がんばったんですけど、てんぱっちゃって…。
結果だめそうっすね…
この部署に使えない男はいらないわよ
あなたの代わりはいくらでもいるのよ
ガーン
ハ～…
真面目さん、やばい
暗いですね！
病み感じます…！
近寄り難しっす
あいつ、長年つきあってた彼女にふられて、お袋さんも亡くなって
かなり落ちてんだよな

某化粧品会社 人事部
人事部
清井《きよい》 澄子《すみこ》
おはよ～ございま～す
澄子の同僚
里亜中《りあじゅう》 映美《ばえみ》
映美センパ～イ♡
里亜中さんはいつもおしゃれだね～コーディネートはこーでねーと なんちて♡
人事部 部長
晴須《はらす》 綿太《めんた》
ホホホ…
映美さんいつもきれい♡
元5つ星ホテルシェフで今、大人気のレストランオーナーのイケメン旦那さんがいて…♡
SNSのフォロワーもたくさんいて…♡
憧れやまない
きゃ～!!

オホホホ…
てか、みんな仕事しろ~
って、黙々と仕事してるやついると思ったら清井か！ 根詰めすぎるなよ…
カタカタ…
清井さんて映美さんの同期ですよね…？
全然いけてないんですけど。全く存在感なし~
病んでうちの会社を辞めちゃった子がいて、彼女、その責任すごく感じちゃってるみたいなのよ
カタカタ…
ヒソ…
ヒソ…

お疲れさまです…
酒場
ワハハハ
ガチャ…
お先に失礼します…
ガチャ…
ただいま
ニャー…

どさッ
カラ…
ハア……
つらい…
どうせ
自分なんて…

ちょっと、まったぁ〜！
めっちゃ落ち込んでるみたいけど、
悪いのはあなたじゃないわよ！
え!?

悪いのはぁ～
悪いのは、あなたに
かけられ
くるくる
ギュルルルルル
た
ぁ
あれ
…
…
あ～…
ゼェ
ゼェ
昭和な呪い！
ジャーン！
あたしがその昭和な呪い解いてあげるゾっと♡
昭和な呪いを解くって…キミが昭和じゃん！

はじめに

私は婚活コンサルタントとして3万人以上の心理分析を行い、多くの女性の結婚をサポートをしてきましたが、その過程で気づいたことがありました。婚活をするお客様は、異口同音に「早く結婚しなくては」といいます。それも、”結婚したい“ではなく”結婚しなくては“なのです。

一人の女性にこう尋ねました。「なぜ、”結婚しなくては“なんですか？　結婚は、別にしなければいけない義務ではないはずですが」すると彼女は「結婚していないと、人として問題があるように思われるんです」と、顔を曇らせました。

「女は結婚して子どもを産んで一人前」は今も根強く残る古い価値観信仰の一つ。未婚女性は周囲から「あなたのためを思って言ってるの」と”善意“のアドバイスシャワーを浴びせられ続けます。

「（親や親戚から）いい加減早く結婚しなさい」

「35歳以上なのに、理想が高すぎるんじゃない？」「高齢出産は、リスクが高くなるから、若ければ若いほうがいいよ」

家族や身近な人、あるいはメディアの記事を目にしているうち、みんなと同じじゃない自分はダメなのだと思い悩むようになります。「結婚していない、出産を経験していないことに、負い目があります。結婚、出産していないと、社会に存在することすら許されてないようで……」と悩む女性の声が絶えません。

最近、アンコンシャス・バイアス（無意識の偏見）という言葉をよく耳にします。意識的には認識していないものの、特定の集団や個人に対して無意識に持っている偏見や先入観で社会的なステレオタイプに基づいて形成され、私たちの日常的な意思決定や行動に影響を与えることがあります。昭和の時代には、性別、年齢、職業、家庭内の役割などに対する固定観念が強く、これが人々の意識や無意識に深く根付いていました。そして未だ、現代の意思決定にも影響を与え続けていることがあります。

婚活支援のお客さまの悩みの原因になっているのは異性との駆け引きのテクニックではなく、偏見という名の昭和な呪いにあるということに気づきました。昭和的な考えを背景とする、これらの呪いは、多様性を尊重する現代社会において改善が求められています。それには、まず自身の中にある無意識のバイアスに気づき、それを意識的に取り除く努力が必要です。

私の婚活講座は、結婚することを目標としたコンサルでありながら、実は昭和な古い価値観から自分を取り戻し、より良い自分らしい人生を選択するためのプロセスでもあったのです。

そして、受講生の多くが一番効果的だったこととして、「自分自身と向き合って書くこと」だと答えています。出会いの形式が職場や飲み会などのリアルから、マッチングアプリなどオンラインの出会いが主流になった今でも、それは変わりません。

それを今回、昭和な呪いを解くワークとしてまとめました。

「呪いを解くワーク」という響きから、難しくて大変そう……と心配になった方もいるかもしれません。確かに「呪いを解く」というと大袈裟に聞こえるかもしれませんが、汚れたら綺麗にしてリセットしますよね。それと同じぐらい日常的な行為です。

呪いにかかったまま、古い固定観念にがんじがらめで生きるより、呪いに抗って新しい時代にマッチした自分らしい生き方をしていくほうがよっぽど楽しいと思いませんか。さあ、昭和な呪いを解く旅に出発しましょう！

●本書内の漫画は、内容の理解を深め、楽しみながら読み進めていただくために作成されたフィクションです。実在の人物や団体などとは関係ありません。

目次

1章

世の中は、昭和な呪いに気づいていなかった

ガタン
ガタン…
あたしは解呪師《かいじゅし》の美々呼
ブロロ…
世の中に蔓延する昭和な呪いを解いてまわってるの
昭和な呪い？
そう。昭和な呪い
時代は大きく変わってきているのに、
まだ至るところにあふれてて多くの人がとりつかれてることに気づいてないの

みんなから吐き出された
昭和な呪いに
とりつかれると…
それがちょっとずつ
たまりにたまって…、
積み重なって
圧し潰されちゃうの…
う〜う〜。。。
あなたみたいに…
でも、
な、なんで
自分だけ…
それは…
あなたが
素直で
優しいからよ

呪いが引き起こす社会問題にみる、昭和な呪い

呪いは身近なところに潜み、気づかないうちに私たちの生活に大きな影響を及ぼしています。いやいや、フツーに考えて呪いなんてかかるわけないでしょと笑うかもしれませんが、いつの間にか巻き込まれてしまうのが呪いの恐ろしさなんです！

呪いが元凶になった社会問題をいくつか紹介するので、その恐ろしさを感じながら読んでいただけたらと思います。

「お客様は神様だ！」が呪いになったケース

少し前になりますが「ナッツリターン事件」を覚えていますか。２０１４年、大韓航空機内で起きた事件ですが、同航空会社の幹部だったA氏が、機内で提供されたナッツのサービス形式に不満を持ち、激怒。ＣＡのサービスはマニュアル通りで問題はないことを伝えるとA氏が「私に恥をかかせるつもりか！」とさらに激昂。機長に命令

して地上を滑走中だった飛行機を搭乗ゲートまで強引に引き返させた事件です。

これは日本でも深刻な社会問題として注目されているカスタマーハラスメント、いわゆるカスハラにも通じるでしょう。カスハラの実態調査によると、直近1年間でカスハラを受けたことがある企業担当者は64・5％にも上るそうです！

参考：株式会社エス・ピー・ネットワーク（2023年）「カスタマーハラスメント実態調査（2023年）」
https://info.sp-network.co.jp/news/kasuhara_survey2023

やはりタクシー運転主や旅行添乗員など、対面サービスを提供する業種だと被害を受けることが多いそうです。こうしたカスハラの根っこにあるのは「お客様は神様だ」という昭和な呪い。

本来「お客様は神様だ」は商売する側の人にとっての心構え的なフレーズでした。ところが、客である側がそれを逆手に取って過剰な要求を突きつけることが増え、従業員側は、どんな理不尽なことを言われても「お客様は神様」だから我慢せざるを得ないという負のスパイラルに陥りがちです。

「空気を読め」という昭和な呪い

日本国内で新型コロナウイルスの感染が猛威を振るった2020年頃、他人の行動を逐一監視してはルールから逸脱した人に暴言を吐いたり迷惑行為をするなどの「自粛警察」「マスク警察」が問題になりましたね。こうした行動心理には未知のウイルスに対する恐怖から来る過剰な防衛反応が背景にあると言われていますが、それだけじゃない動機が奥底にはあったのではないかと思います。

人は、自分より我慢をしていない（ように見える）人がいると、相手に「自分はこんなに我慢してるんだから、お前も我慢しろ」と意地悪したくなることがあります。このように相手に得をさせないように引きずり下ろす行動を「スパイト行動」と言います。スパイトは英語で意地悪や悪意という意味です。

自粛警察やマスク警察がやっている行為はまさにこのスパイト行動だと言えます。ちょっとでも足並みを乱す人がいると「我慢しているのに一人だけズルをするのは許さない」という思いが発動し、過激な行動に向かったのではないでしょうか。

各国と比較して日本人はスパイト行動をとる傾向が高いと言われていますが、日本人の協調性が高いと言われる要素の一つでもあると考えられます。

コロナ禍の日本ではマスク着用に関する罰則や罰金規定がないにも関わらず、真面目にマスクをつけていた人が大多数でした。マスク着用率の高さに影響を及ぼしたのは『周りの目』ではないでしょうか。周りの様子を見て「まだ着用したほうが良さそう」「そろそろ自分も外すか」と判断する。自粛警察の暴走は勝手極まりない行為でしたが、マスクをつける時も外す時も「空気を読む」という日本人固有の〝昭和な呪い〟が強く働いたおかげで、結果的に公衆衛生の向上に一役買ったという側面も多少はあったと言えるのかもしれません。

人はこうして呪いにかかっていた

昭和時代の呪いは、時代が作り上げた集団的無意識的なもの、いわゆる虚構だと言えるでしょう。この強い虚構を持つことで生活が豊かになり、いくつかの利点も得られましたが、その状態を維持するためには全員が同じ方向に進まなければならないというプレッシャーも生まれていたのです。

なぜ人々が同じ虚構を持つことになったのか、私の専門分野である婚活を例にお話しします。少し前までは、適齢期になったら結婚するのが当然だとする「皆婚規範」という考えが強くありました。特に1960年代は、約90%以上の人が結婚していたそうです！

昔の日本では、お見合いによる結婚が主流でした。特に1950年代から1960年代にかけては、結婚する人の約半数が見合い結婚を選んでいたとされています。適齢期の男女に対して、会社や親戚が積極的にお見合いを斡旋《あっせん》していました。

その当時、結婚することに消極的だった人もいたでしょう。しかし「結婚しないと一人前じゃない」「結婚するのが当たり前だ」という強い社会的圧力に屈して、結婚を決めた人も多かったかもしれません。このような昭和な呪いの強さが高い婚姻率を維持してきた側面もあると言えるでしょう。

強固な呪いは時代によって生み出されたものですが、さらに歴史を振り返ってみると、同じような現象が見られることが分かります。

結婚していないと世間体が悪い!?

「結婚しなくては」と義務感に駆られて婚活をする女性たちの心理について考えてみると、結婚していないと世間体が悪いと感じていることも要因の一つかもしれません。世間体を気にすると、周りから自分がどう見られているのか気になるのです。

江戸時代には、近隣の五戸に連帯責任を負わせる「五人組」という管理システムがありました。このシステムのポイントは、相互扶助と相互監視です。五人組では連帯責任を負うため、メンバー同士が助け合い、監視し合う仕組みができていました。この仕組みでは、一戸だけが年貢の納入を免れるといった抜け駆けは許されず、「みんな同じであるべき」という強い同調圧力が働いていました。

江戸時代の五人組の時代に培われた「みんなと同じでなければいけない、一人だけ外れるのは許されない」という相互監視の風習が、現代の世間体を気にする心情へと変わっていったのではないでしょうか。それが、現代でも呪いのような圧力を感じやすくする原因だと思います。

世間体なんて気にしないでいいと思う人もいるでしょうが、昔はルールから外れると村八分にされ、その村で生活するのが難しくなりました。ルールを守らないとペナルティがあったのです。その背景には連帯責任があり、誰かが年貢を納めなかったりすると、他の真面目な人たちが被害を受けることもありました。誰かがズルをすると、自分もその影響を受けると感じたわけです。

だから、呪いの言葉をかける人は「自分の立場が脅かされたらどうしよう」という不安を抱えているのです。結婚できないと世間体が悪いと気にする人は、「万が一、みんなと同じようにできずにペナルティを受けたらどうしよう」と心配しているのです。こうして相互に影響し合いながら、呪いに囚われていったのです。

情報処理に負荷がかかることで引き起こされる2つのリスク

情報環境の変化も、呪いにかかりやすくなる要因の一つです。

IT化による膨大な情報洪水で、私たちが目にする情報量は増え続けています。電車やレジの待ち時間でもスマホを見ている人がほとんどでしょう。短い時間を使って、メールやSNS、メディアから届く通知を追いかけようとしますが、情報量が多すぎて処理しきれません。情報に対して脆弱である状況下では、誰もが情報過多の影響を受けやすくなっていると言えるでしょう。SNSを利用していると、つい自分と似た価値観を持つユーザーをフォローしてしまいます。その結果、同じようなニュースや情報ばかり目にすることが増え、その意見が正しいと無意識に思い込んでしまうことがあります。さらに、どの投稿に「いいね」を押したかなど、ユーザーの好みを学習し、その人が好む情報だけを表示する機能も備わっています。こうした仕組みによって、目にする情報が極端に偏るリスクがあるため、自分は大丈夫だと思い込むと、かえって危険です。

ネットの記事を読むときに、途中で読むのをやめてしまった経験はありませんか？

タイトルや冒頭の文章だけで結論を出したり、動画を倍速で見てしまうのは、タイパ（時間対効果）を気にする行動の一例です。

手っ取り早く答えを知りたいと、人はシンプルで単純明快なメッセージを好むようになります。結論にたどり着くまでじっくり学び深めることがじれったく感じます。曖昧さに耐えられず、早く結論を求める傾向が強まると、呪いや真偽不明な情報やデマに影響されやすくなります。熟慮する耐性が乏しくなるとこうしたリスクにさらされやすくなるのです。

現代の情報環境は、私たちを呪いに陥りやすくするリスクを増大させていると言えるでしょう。

昭和な呪いに囚われやすい人の特徴

どんな傾向の人が呪いにかかりやすいのか。順を追ってご紹介します。

1. 自己肯定感が低い人

自分は劣っているという意識が強い傾向にあります。自分で自分を認めるという意識が希薄なため、果てしない外面的成功や他者承認を求めてしまうことも。「本当の自分はこんなもんじゃない」という欠乏感にさいなまれている時に、あなたは特別な存在ですよと優越性を刺激されると、呪いにかかりやすくなります。

自分には何かが欠けているという意識が強いのですね。傍目《はため》には素晴らしいものを持っているように見えるのに、本人的にはそんなの大したことがないと感じているのです。例えば婚活中のお客様にマッチングアプリのプロフィールに自分らしさを盛り込むように工夫しましょうと伝えますが、多くの方は「自分は別に興味をひく経歴を持ってないし」とおっしゃいます。頑張っても焦りや不足感が拭えない。なにかひとつ欠点を解消できても別のことが気になってしまうのですね。

内面的な魅力や人間性より学歴や年収、交友関係、容姿、所有するブランド品や車の値段の優劣を重視し、人の価値を紐づけてしまう傾向もあります。純粋にそれが欲しいからという動機より、人より優位に立つための消費になりやすい傾向があります。

自分自身が感じる価値基準にあまり自信が持てないからかもしれません。

その他に見られる特徴として、今の自分じゃまだダメだと、我慢したり頑張りすぎる。「どうでもいい人」と認識した異性には自然体に振る舞うものの、本命の前では猫を被るなど、相手が上か下かで無意識に態度が変わる。いい子じゃないと愛されないという思い込みを持つ人もいます。

2. 自己決定力が低い人

ものごとを自分で決めるのが苦手な傾向があります。嫌われないよう、浮かないように周囲の目を気にしていたら考えないほうがラクなこともあります。

自分で決めることに戸惑いがあると、権威のある立場の声に弱くなり、この人なら安心！　と疑問を持たず無批判に受け入れ、呪いにかかりやすくなります。

「普通は」「周囲は」「〇〇さんがこう言っていたよ」等、自分以外の誰かを主語にして話す傾向があります。自分の立場やスタンスを明らかにして意見を主張するのは気が引けるけど察して欲しいと思う時、このように婉曲《えんきょく》的な伝え方をします。

他人に導いてもらうのを期待することもあります。自分で決めて失敗したくないと思うと、誰かがなんとかしてくれることを期待するようになります。話し合いや会議の場で何か違和感があっても、言い出しっぺや責任を負う立場になりたくないので言わずにやり過ごそうとします。意見を言って相手を傷つけたり、場の空気を乱すリスクを犯してしまうよりか、平和のため何でも我慢して自分の腹に溜め込むことを選びがちです。大きな組織に所属しているのだから、結婚しているのだから安泰だと思考停止になりがちな部分もあります。正解を与えてくれて導いてくれる人を求めがちなところもあります。「自分を抑えて周りに合わせるのは窮屈じゃないですか？」という私の問いに「考えない方がラクでいられるんです」と発言され、自己決定力の欠如を端的に表す、このタイプのお客様もいらっしゃいました。

3. 自己主張が苦手な人

「こう言われたら傷つく」などの不満は言えるけど、じゃあ自分はどうしたいか？と目標を立てたり、周囲に伝えるのが苦手だったりします。もう他に選択肢はない！

年齢的に時間はない！　などと恐怖が強くなると盲目的になるので、呪いにかかりやすくなります。周囲から「浮く」「目立つ」ことに抵抗感が強くあります。何か明確に目指しているものがあるわけではないけど、人と違うと言われるのが怖く、みんなと同じ、周囲から求められる普通を目指したいという気持ちがあります。

「私はこれをやりたい」「楽しいからやる」という自発的な動機からの言葉より「しなければいけない」「もっと〜すべき」といった義務感を強く含む言葉を使うことが多い人もいます。「もっとこうすべき」「ああすべき」と高い目標や基準を掲げ、途中からだんだん苦しくなり、途中で婚活を休憩しますとおっしゃる方も多いです。「〜しなくちゃ」は浮かぶけど「〜したい」が思い浮かばないのですね。「好きな人と温かい家庭を築きたい」より「老後一人だと不安だから」で婚活する人もいます。

ここまで三つのタイプを見てきましたが、どれか該当するものはあったでしょうか。この三つからは、周りが何を求めているのか鋭く気づき、相手のために動くことができる、思いやりのある人という特徴が浮かび上がってきます。

心がピュアで真面目な人ほど、自分のことを差し置いてでも周りを優先させやすく、自己犠牲的な立ち位置になりがちです。周りの人が好き勝手いろんなことを要求してきても、できる限りの努力をして、何とか応えようと努力します。世の中にはあなたの持つ優しさを搾取して利用しようとする人たちも残念ながら一定数います。

言葉の裏には、あなたを思い通りに動かしたい意図が隠れているかもしれません。心が優しくまっすぐな人ほど呪いにかかってしまいやすくなるのでしょう。

呪いに対するリテラシーを高めることが最大の防御

情報化社会、ましてや通信機器の普及やネットワークのつながりやすさのせいで常時オンライン状態になってしまった現代を生きる今の私たちにとって、呪いの言葉を一切浴びずに過ごすことは至難の業でしょう。スマホを持たず無人島にでも行かない限りは。

絶え間なくやってくる呪いの情報に対するリテラシーを高めることが最も有効な手段であると言えます。リテラシーとは、情報を正確に理解し、活用する能力や判断力のことです。発せられた言葉の意図や思惑を見抜き、不要な情報を捨て、正しい情報を選び取る力を養うのです。

呪いの言葉は、人から言われた言葉やメディアで目にする記事まで広範囲に及びますが、それらは全て単なる一情報に過ぎないということです。適切に情報処理できれば、呪いはそれほど怖くありません。日々メールを処理していると、スパムなどの怪しいメールはクリックせずにサッとゴミ箱に捨てますよね。呪いを解く工程もこれと同じようなことだと思ってください。

まず、どんな呪いがあるのかを知ることが大切です。少しでも知識があれば、呪いにかからずに済みますし、既にかかっている呪いに対しても落ち着いて対応できます。警察でも特殊詐欺やオレオレ詐欺の啓発活動を行っていますよね。私の77歳の母のところにも詐欺グループから電話がありましたが一人で冷静に対処できていました。

知ることは最大の防御ですね。

次の章では、「確かに言われたことがある」、「何か聞いたことがある」といった典型的な、昭和な呪いのフレーズを紹介します。

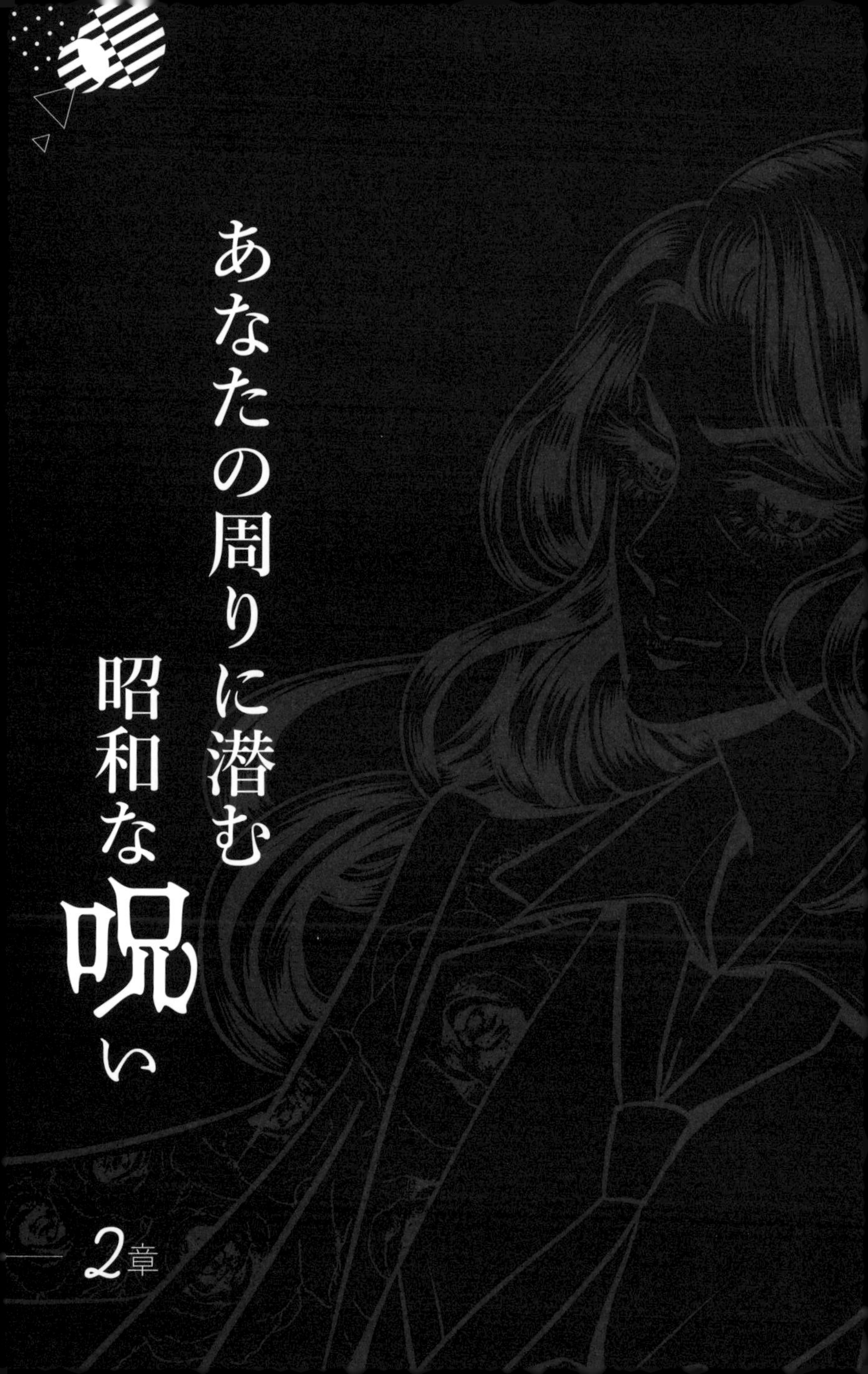

あなたの周りに潜む昭和な呪い

2章

“昭和な呪い”のフレーズに気づこう

2章では典型的な昭和な呪いのフレーズについて知っていきましょう！

昭和な呪いとは、人の能力や可能性を無意識に制限する、「今」の時代を生きる私たちの生き方にそぐわなくなっている考えや言葉のこと。

日頃、婚活支援させていただいてるお客様も、呪いに気づき、手放すようになってから恋愛はもちろんのこと、仕事面でも萎縮せず、堂々と能力を発揮できるようになったとの喜びの声をいただいています。昭和な呪いのフレーズを解くことは、さまざまな問題解決の糸口になる可能性を秘めています。まずは、呪いのフレーズを知って、自分の中にある見えない鎖を外していきましょう！

1 空気読めの呪い

「空気読め」の呪いとは、周囲と同じように考えて行動することを暗に要求される圧力のことです。「みんなそうしてるんだから、あなたもそうすべき」といった暗黙の了解が背後にあります。空気を読まないと、何らかの制裁を受けるのでは……という恐怖からつい従ってしまうのです。

次第に自分の意見を封印し、ただただ周囲に合わせていくように。重症化すると、何事も周りの空気に合わせて無難なほうを選択する「事なかれ主義」に陥りやすく、まさに、思考停止の呪いですね。

今回ご用意しました新しいCM案です
某家電メーカー 新商品 広告企画会議――
タレントを起用せず全国各地の一般人を主人公に、各地元でリアルイベントを開催するのはいかがでしょう
斬新で面白そうだ
アリですねぇ
真面目、やるじゃねぇか
真面目くんこの案…
何言ってるの?
CM起用は有名タレント!曲は著名アーティストに決まってるわ
今までずっとそうしてきたの!仕事ってのはそんなものなの!常識よジョーシキ!!
スウウウ…
さすがです課長
課長の言う通り真面目
課長の言う通りだぞ☆
課長の言う通りですね
ホホホホホ
で、でも
でももへちまもない!
すってん

どうしてこうなってしまうのかと言うと、やはり昭和の時代の企業文化も影響もしているのでしょう。かつては一度入社したらずっと同じ会社で働き続ける終身雇用や年功序列が当たり前でした。同じ会社で長く働くことが良しとされると、その中でいかにうまく人間関係をこなしていくかが重要になります。職場で変に浮かないように、みんなと同じように振る舞うことが生存戦略上有利になります。それで周りの空気を読む同調圧力が強くなっていったのではないでしょうか。

場の雰囲気を察して忖度《そんたく》するようになっていくのがこの呪いの怖さ！

ここからは「空気読め」の呪いのフレーズを紹介していきます。

「一般的にはこうだよ」

「一般的にはこうだよ」は、自説の正当性を高め、相手にさりげなくプレッシャーをかけたい時に使われたりします。一般論や常識を振りかざして虚勢を張りたい心理も透けて見えます。言われた側にしてみれば「みんなこうしてるんだから、あなたも従いなさい」という同調圧力を感じますし、「私は正しいけど、あなたは間違っている」

と一方的な持論を押し付けられているようで腑《ふ》に落ちません。

類似する
呪いのフレーズ

「そういうルールなんだよ」
「（そんな一般的なことも知らないの？）常識知らずだね」
「（多くの人はそうしてるんだから）あなたも〜すべき」

「仕事とはそういうもの」

伝統的な会社で働いていると、先輩から一度は「昔はもっと大変だった」「それが常識」と言われたことがあるのではないでしょうか。

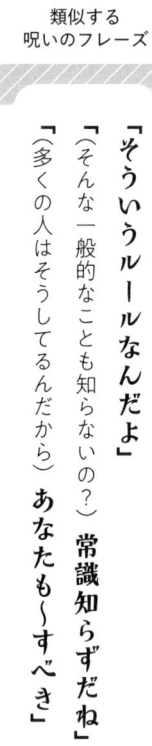

こんな経験、ありませんか？　効率重視でサクッと作った企画書が、上司の「伝統」に阻まれて、結局やり直し。婚活中のお客様から、そんな嘆きを聞いたことがあります。

その方はＩＴ企業から伝統的な会社に転職された経歴の持ち主。最新技術を駆使して、分かりやすくインパクトのある資料を作ったのに、上司から「企画書はそうじゃない！ うちは従来通りのやり方があるから」と言われ、結局、文字がびっしりの昭和スタイルな企画書を作り直す羽目になったのだとか。

効率重視が通じない世界では、どうやら手間暇かけることが「仕事の本質」らしいです。

彼女は「せっかく効率的に作ったのに」と嘆いていました。「仕事とはそういうもの」の壁はなかなか手強いですね……（汗）。

類似する
呪いのフレーズ

「長年こうしてきた」
「それが常識」

「たまには一杯つきあえよ」

昭和の時代は、仕事とプライベートの境界が曖昧で、飲み会も仕事の一部として捉えられていました。今でも会社によっては、飲み会参加は任意と謳《うた》っておいて実質的には強制参加ということも。昭和の時代と違って、今は公私の線引きをある程度ハッキリさせたい人たちが増えているので「たまには一杯つきあえよ」というノリを苦手に感じる人や、飲み会の上手な断り方を紹介した記事もネットではたくさん見かけるようになりました。コロナ禍で、感染防止のために飲み会や懇親会開催がピタッとなくなった時、ひそかに喜んでいた人もたくさんいるのでは⁉

そもそも、気乗りしない飲み会になぜ参加するのか？　行っておいたほうが何らかのメリットを得られるだろうと期待してのことだと思いますが。ちなみにアルコール耐性と所得の関係を調べた研究結果によれば、飲める人のほうが稼げるという相関関係はありませんでした！　体質的にお酒が弱いという人も安心ですね。

類似する
呪いのフレーズ

「先輩の酒の誘いは断らないもの」
「飲みの席には這《は》ってでも行け」

「出る杭は打たれる」

「出る杭は打たれる」は日本人にとってあまりにも有名なことわざではないでしょうか。類稀《たぐいまれ》なる才能を持ち、目立つ存在の人は、周囲から批判や妬《ねた》みを買いやすいという意味です。「誰でもできる」や「お前に言われる筋合いはない」「立場をわきまえろ」などは、その人の優秀な能力や才能を過小評価したい時によく使われるお決まりのフレーズですね！　相手を押さえつけたい時に使われることの多いフレーズで「生意気だ、あんまり目立ちすぎるな」と暗に釘を刺しています。嫉妬と牽制《けんせい》が織り交ざったこれらのフレーズには、優れた才能を潰してやろうという悪意が漂っています。

類似する
呪いのフレーズ

「（そんなレベルのこと）**誰でもできる**」
「立場をわきまえろ」

「人に迷惑をかけてはいけません」

「人に迷惑をかけてはいけません」は私たちにとって割と身近な呪いのフレーズです。なぜかと言うと、電車内や駅のホームで聞こえてくる「車内での携帯電話の通話は、周りのお客様のご迷惑になりますのでご遠慮ください」というアナウンス。毎日繰り返し聞いていると無意識に刷り込まれる効果が高まるのではないかと思います（アナウンス自体が悪いと言う意味ではないですが）。

「人に迷惑をかけてはいけない」はお互いが快適に過ごすマナーとして大事ですが、これを拡大解釈すると、何をするにも「ご近所さんの手前」なんて、周囲の視線にビクビクしながらの生活に陥るでしょう。最悪、いざ自分がピンチに陥った時でも、「迷惑をかけたらどうしよう」と人に頼ることを諦めてしまうかもしれません。特に責任感の強い人ほど、この呪いを律儀に自分に向けてしまうので、どんどん自分を追い込む結果に……。「迷惑はダメ」という考え方が行きすぎると、さまざまな弊害を引き起こします。

電車内やスーパーで、ベビーカーを押しているお父さんやお母さんが「子どもが周りに迷惑をかけていないか」と神経を尖《とが》らせ、常に頭を下げてペコペコしている姿を見かけることがあります。過去に周りから迷惑そうな視線を向けられ、居心地の悪さを味わったのかもしれません。そういう光景を見ると、心が痛みますよね。

やむを得ない事情のある人に対して、もう少し寛容さを持ち、いざという時に「お互い様」と思える心が広がれば、こうした呪いはもう少し減るのではないでしょうか。ちなみに国連の世界幸福度報告によれば日本人の寛容さはここ数年、130位前後でG7の中で最も低いという結果が出ています。

参考：内閣府「世界幸福度報告」資料　https://www.cas.go.jp/jp/seisaku/juten_keikaku/dai7/siryou2.pdf

類似する
呪いのフレーズ

「ご近所さんの手前」

「きちんとしなきゃいけない」

女性の婚活相談をしていると、「きちんとしなきゃいけない」という呪いにかかって悩む方が本当に多いです。相手に失礼な印象を与えず、好印象を持ってもらえそうな気がしますが、これがまた非常に厄介な罠《わな》なのです。私自身もかつてこの呪いにハマったので痛感するのですが、「きちんとする」って、実はすごく曖昧な基準なんですよね。どこまでやれば「きちんとした！」って言えるのか不明だし、合格ラインなんてものも存在しない。周囲から何か褒《ほ》められたりするわけではないので、いくらやっても足りていない不安から、さらに高みを目指してしまう沼に……。きちんとしていない（ように見える）部分ばかり目について「もっときちんとしなきゃ！」と延々と自分に呪いをかけ続けてしまうのです。これがいわゆる〝追い込み癖〟ってやつですね。どれだけきちんとやったつもりでも、「こんなんじゃまだダメ」という気持ちに追い立てられ……。まるでセルフブラック企業みたいですね（笑）。

類似する呪いのフレーズ

「いつも笑顔でいるべき」「○○しないといけない」

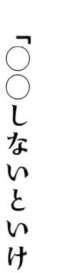

2 ジェンダーの呪い

ジェンダーとは、社会的、文化的に形成される性別の役割や期待を指します。

未だに「女は家庭を守る存在」や、「男は大黒柱であるべき」といった古風な昭和な固定観念や偏見が、ジェンダー・バイアスとして残っている日本。こういったジェンダーバイアスは、ややもすると、仕事や教育、生活の場面で不平等を生み出し、個人の能力や選択肢を制限し、社会の多様性を損ないかねないのではないでしょうか……？

たまには、一杯いくか～！
お迎えあるのでお先しま～す
"ビールをあび～るほどのみた～いィ！"
宴会なんかやってええんかい？なんちてw
お酌は女の子がお願いね♡
料理の取り分けもお願いしま～す
女性が手酌するとお嫁にいけないよ
地味な子はスカートだけでもスカッとあげてね♡
ふっつん
そうとうヤベーやつだなw

こちらのフレーズを読んでみてください。


「部長は大きな取引を成立させた」

「保育士は子どもたちの世話をした」

「パイロットは長距離フライトを無事に完了させた」


読んでみて、どっちの性別を思い浮かべましたか？

「部長」「パイロット」は男性を、「保育士」は女性を思い浮かべたのではないでしょうか。これが私たちが普段気づかずに持っている、ジェンダー・バイアスの一例です。

政治、経済、教育、健康の4つの分野で男女平等の度合いを示すジェンダー・ギャップ指数でも日本は特に政治、経済の分野では女性の参加が少ないと指摘されています。

自分で好きに選んだ行動が結果として「男らしさ」「女らしさ」というジェンダーに結びつくのなら問題ないとして、やりたいことがあっても性別を理由に「男（女）らしくないんじゃない？」「女（男）のくせに」と言われてチャレンジすることを諦めるのは、まさにジェンダーの呪いではないでしょうか。

昭和の時代は、男性は仕事をして、女性は家庭を守る。性別で役割を決めて分業体制にすることで経済が発展していった側面もあります。しかし今や寿退社はすっかり死語になり、育休を取得する男性も増えつつありますが、人の奥底に根付いたジェンダーの呪いはそう簡単に払拭できるものではなく、多くの人がこの呪縛に困っています。

参考：内閣府男女共同参画局（２０２４年）「男女共同参画に関する国際的な指数」
https://www.gender.go.jp/international/int_syogaikoku/int_shihyo/index.html

「男だから気にすんな」

ジェンダーギャップ指数の順位が日本は低いと話題にされる時、たいていの場合、女性への不平等をなくしていこうという意味で言われることが多いです。しかし裏を返せば、それだけ男性も生きづらさを抱えているということでもあります。

「男だから気にすんな」は男が細かいことにいちいち目くじらを立てるな、感情的にならずに受け流せという呪いの言葉ですね。人間誰しも感情を持つ生き物だし、男だからという理由だけで嫌なことがあってもクールに振る舞わなきゃいけないなんて、よく考えてみたらとても奇妙です。

「マッチョ」というのは、強靭《きょうじん》さ、逞《たくま》しさ、勇敢さといった男らしさを示す言葉ですが、

「男なんだから」という言葉が暗に意味している男の規範や評価基準は、マッチョという言葉によく表れています。

「男子厨房《ちゅうぼう》に入らず」もマッチョイズムな考え方からきていますね。男は炊事などしないで仕事を頑張れという考えが根底にあるのでしょう。ハッキリ口に出して言わなくても、心の中でそう思っている人は（女性も含めて）少なくないのでは。何を隠そう昔の私も「キッチンは女の聖域」という呪いを固く信じていたぐらいなので（笑）。

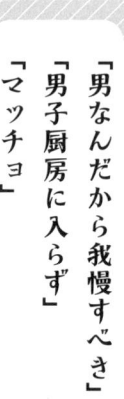

類似する
呪いのフレーズ

「男なんだから我慢すべき」
「男子厨房に入らず」
「マッチョ」

「女の腐ったようなやつだな」

男性に対しては何があっても動じない、どっしり構えていてほしいという期待が向けられがちです。なので男性が悩んだり、感情的になったり、優柔不断になっていると「女の腐ったようなやつだな」と揶揄《やゆ》されたりするのでしょう。
「男なのに気が利くな」は、男に大した気配りは期待しないという先入観があるから。「イクメン」という言葉にも同じことが言えますね。本来育児は女性がするべきものだけど、男性なのに育児をするという珍しさや驚きが滲《にじ》み出ています。イクメンって言葉は聞くけど、イクウーマンって言葉は聞かないですよね。いまだに残る昭和な男性像が影響しているのでしょう。

類似する呪いのフレーズ

「細かいことに気がついて女みたいだな」「女々しい」「男なのに気がきくな」「イクメン」

「女子力が高いね！」

女子力と聞いて真っ先にイメージするものは、合コンや飲み会でのサラダの取り分け！

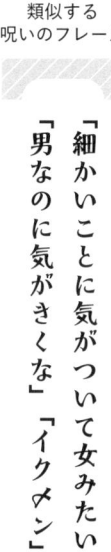

昔はサラダ取り分けが女子力になると信じられていて、合コンに参加した女性同士でどっちがサラダを取り分けるかでフォークを奪い合う事件も勃発したほどです。

今では逆に「あざとい」って思われちゃうみたいですね（笑）。

女子力は明確な定義があるわけではなく、判断はまちまちです。

外見だと、髪形やメイク、ファッション、お肌の手入れまで抜かりなくこなす。内面では決して出しゃばりすぎず、周囲へのきめ細やかな配慮も忘れず、それに加えて料理上手！　部屋はピカピカ！　バッグの中がきちんと整理整頓されているのも大事なんだそうです。「ハードル高っっ！」と唸《うな》ったのはおそらく私だけではないでしょう（汗）。全方位に完璧を求められるなんて、女子力ってまさに「無理ゲー」ですね。

女子力という言葉の何が厄介かと言うと、女子に「力」が加わったところです。「力」と聞くと、能力やスキルを連想しますよね。「女子」という性別に能力を内包する「力」が加わったことで「努力さえすれば誰でも女子力を上げられるはず」というプレッシャーが生まれました。それにより、「女なのに料理もできない」、「全身脱毛やメイクやファッションで女としての美を磨かないのは怠惰だ！」との烙印《らくいん》を押されかねない、とっても怖い呪いになり得るワードなのです。

そもそも、女子という性別が理由であるだけで部屋をいつも綺麗でピカピカに保てるとは限らないし、料理がうまいとは限りませんよね（飲食業界には男性の料理人もいっぱい）。それなのに「実は料理が苦手で……」と婚活のご相談に来られるお客様はあとを絶ちません。性別に関係なく、掃除が好きな人、料理が得意な人、共感力が高い人はいます。それをわざわざ「女子力」に限定されることで重荷に感じる人もいるでしょう。

女子力が本当に自分自身の成長になるものなのか、いつの間にか都合よく搾取されていないかどうか、慎重に見極める必要がありそうです。

類似する
呪いのフレーズ

「女の子なんだから部屋を綺麗にしなさい」「やっぱり女子は共感力が高いから」「お茶出しは女性が」「料理できるコはモテるよ」「細かい作業は女性が向いているね」「手酌はお嫁にいけないよ」「女性ならではの感性を期待してるよ」「（社長・偉い人）の隣に座って」「お酌は女性がお注《っ》ぎして」

「女性はすぐ感情的になる」

「女性は男性よりも感情的だ」というのは、ジェンダーの呪いの中で根深いものの一つ。

内閣府男女共同参画局が実施したアンコンシャス・バイアスに関する調査によると、男女それぞれの無意識の偏見について上位十項目を集計したところ、男性四位、女性三位に共通して「女性は感情的になりやすい」という結果が出ました。男性・女性ともにおよそ三割強がこの偏見を持っていることが分かります。

アメリカの最新の心理学の研究結果によれば、「感情的」というレッテルを貼られた時、女性のみ、主張した意見への信用度まで下がってしまうという衝撃の研究結果が発表されました。

男性と女性に、自己主張が強い文章を読んでもらう実験が行われました。男女とも同じ内容の文章を読んでいるのにも関わらず、女性のほうが感情的だとレッテルを貼られました。女性は「その意見は正当性がないね」と評価されたのに対して、男性の場合は、「感情的」と言われることはあっても信用度まで下がることはなかったそうです。

婚活中の女性の相談を受けていると「自分の意見を言ったらわがままだと思われそうで、つい我慢しちゃうんです」とおっしゃる方が多いです。感情的だと思われたくなくて、予防線を張ってしまうのでしょう。

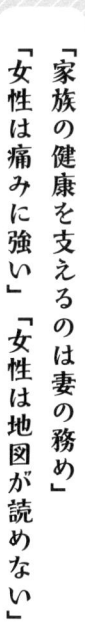

参考：内閣府男女共同参画局（２０２１年）「性別による無意識の思い込み（アンコンシャス・バイアス）に関する調査結果」https://www.gender.go.jp/public/kyodosankaku/2021/202110/202110_02.html#:~:text=%E5%B9%B4%E4%BB%A3%E5%88%A5%E3%81%A7%E3%81%AF%E3%80%81%E7%94%B7%E6%80%A750,%E3%81%8C%E8%A6%8B%E3%82%89%E3%82%8C%E3%81%BE%E3%81%97%E3%81%9F%E3%80%82

類似する
呪いのフレーズ

「家族の健康を支えるのは妻の務め」
「女性は痛みに強い」「女性は地図が読めない」

参考：Society for the Psychology of Women（２０２２年）「Words Like Weapons」
https://journals.sagepub.com/doi/full/10.1177/03616843221123745

「女のくせに大学なんか行くのか」

イマドキこんな古い価値観を押しつける人なんている？　ってびっくり発言ですが、これは実際に婚活中のお客様が言われたフレーズです。

左ページの呪いのフレーズに見え隠れするのは「女なんだから、そこそこでいいんじゃない？　そんな頑張らなくても」という意識。「腰掛け仕事だろ」には、女性にとって仕事は結婚までの一時しのぎだから、どうせ本気でキャリア積む気ないでしょという侮《あなど》りが感じ取れます。

内閣府男女共同参画局が発表した性別による無意識の思い込み（アンコンシャス・バイアス）に関する調査資料によると「女性は結婚して出産し、大学に行かなくても良いと親や親戚から言われた。」というケースが紹介されています。女性には高い学歴やキャリアは必要ないという呪いを持つ人が今の時代にも一定数いるようです。

参考：内閣府男女共同参画局（2021年）「性別による無意識の思い込み（アンコンシャス・バイアス）に関する調査研究」
https://www.gender.go.jp/research/kenkyu/pdf/seibetsu_r03/02.pdf

類似する
呪いのフレーズ

「頭が良すぎると男性が寄り付かないよ」「腰掛け仕事だろ」
「女だてらに」「バリキャリ」「男は度胸　女は愛嬌《あいきょう》」
「仕事できる女は男に敬遠されがちよね」
「女で理系行くとモテないよ」

3

24時間戦えますか？の呪い

　疲れた身体に鞭打ってでも、働いて成果を出すことが当たり前とされていた昭和の時代。「24時間戦えますか？」はそんな企業戦士たちを奮い立たせる呪文として、瞬く間に広がり、流行語になりました。

　家庭より仕事優先で働くことが「立派な企業戦士」とされていました。「頑張ればなんとかなる！」という根性論が支配し、長時間労働も当たり前。長く働けば働くほど「よくやった！」と見なされる風潮がありました。

　今ならブラック企業のスローガンと揶揄《やゆ》されてしまう呪いですね。

前回のプレゼン…
何言ってるの！
ですので一般人にスポットライトを当て、全国各地でイベントを…
コテンパン
CM起用は有名タレントが常識よ！
課長の言う通りだゾ
ダメだ モチベーションがダダ下がり…。これ終わらせたら定時に帰ろ…
カタカタ
カタカタ
君だけアガるつもりかねィ？
ビクッッ
いや自分の分はもう終わりま…
みんなガンバっているんだよイ!?
あわわ
ああん？
上司より早く帰るなんてありえない！
あぁ、何かもう…余計なプレッシャーがありすぎて何も考えられなくなっていく…
気合いと根性！忍耐だ！
やる気あるのー!?
甘えるな！
病気、欠席、自己責任！
24時間戦えますかィ!?
おっと！コレ俺の分だが今夜中にヨロピコな☆
無理なら休日出勤な！
トドメ！
アオ〜ン
ズゥ……ン
やれやれ誰トク？

その当時の日本を支えたのは「モーレツ社員」、もしくは「企業戦士」と言われる人たち。

そこには、私生活をなげうって、猛烈に仕事に打ち込み、企業利益のために粉骨砕身で働くサラリーマンの活躍がありました。よく似た言葉に「社畜」がありますが、どこか自虐的で嫌々働かされていることへの諦観と物憂げなニュアンスが漂います。それに対してモーレツ社員や企業戦士には「我々が日本を支えているんだ！」という誇りや闘志みたいなものもあり、そんな働き方がカッコいいと思われていた部分もあるのでしょう。だから当時の日本で違和感なく受け入れられ共感されたのだと思います。

そんな戦士たちのマストアイテムとして登場した栄養ドリンクのCMキャッチコピー「24時間戦えますか？」は、発売当時ものすごく話題になりました。日本人の勤勉な気質にもピッタリで、大勢の人に共感され受け入れられました。

しかしそれはやがて「疲れてても気合いを入れればまだ戦えるじゃないか」という無茶を奨励するものに変わります。日本人の長時間労働の温床とも言える、24時間ずっと戦い続けなきゃいけない強迫的な呪いと化しました。

ではここからは、「24時間戦えますか？」の呪いを紹介していきますね！

「死ぬ気でやれ！　根性を見せろ！」

「気合いでやれ」とか「死ぬ気でやれ」なんていまどき、こんな強烈なフレーズ言う人いる？　とお思いになるでしょう。それがですね、古い体質の会社だとまだまだ現役なんです！　私の周りの友人にもリサーチしました。ま、いわゆるブラック企業というヤツですけれど。

時代が変わっても、根底に流れている昭和的な滅私奉公マインドは、意外としぶとく残っています。「やればできる」なんていう根性論もその名残《なごり》でしょう。

類似する
呪いのフレーズ

「気合いでやれ」「死ぬ気でやれ」「やればできる」「ノルマを達成しろ」

「人に甘えちゃいけない」「みんな我慢しているんだからお前も我慢しろ」

「もっとつらいやつはいる。自分なんてまだマシ」

「みんなが残ってるのにお前だけ先に帰るのか？」

「俺の若い頃は、休むなんて考えられなかった」

4　年齢の呪い

「早く結婚して一人前になりなさい」「年相応に振る舞え」といった、年齢を重ねることで社会や周囲から知らず知らずのうちに押しつけられる圧やプレッシャーのことを指します。

特に女性にとっては、この呪いが恐怖！

「お局《つぼね》様」「更年期？」なんて、使われ方によっては、とてもキツイ言葉になりかねません。真に受けてしまうと、年を重ねることがまるで悪いことかのように思い違いしてしまいます。

誰しも加齢は不可抗力。

年をとることが、もっと豊かで素晴らしいこととして肯定的に受け入れられる社会になってほしいですね。

ワイワイ
商品開発部の鈴木さん結婚するんですって♡
できちゃった婚らしいですね
会社辞めるか悩んでいるらしいよ
仕事楽しいって言ってたもんね
澄子もいい年なんだからそろそろ結婚したほうがいいんじゃない？
いい人いるの？
ホホ
ブンブン
ブン！
子ども欲しいなら早いほうがいいよ
でも、これから恋愛できるなんてうらやましい…
え～！映美さんめちゃめちゃ幸せじゃないですか！
そうね…
ワイワイ
いい年なんだから
ガーン。。。

年齢を聞くのは、上下関係を重んじる日本で相手に失礼のないようにというマナー的な意味合いや、単に会話のきっかけとして便利だからということかもしれません。こうした利点があるから日本人は最初に年齢を聞くのでしょう。

新卒一括採用で社会人としてのキャリアをスタートし、年功序列で同じように経験を積んで出世して、適齢期になったら結婚して家を建てて子どもが生まれる……。日本では、年齢に応じたライフステージがある程度予測できたので、年齢を聞くだけでその人の状況や次に起こりそうなことが推測できました。誰しも一定の年齢になれば同じように階段を上って似たような経験を積む同質的な社会だからこそ、会話の糸口として年齢が重宝されてきたのでしょう。

ただ「何歳で何を経験するかだいたい同じ」という暗黙の了解は、「何歳なのにまだコレを経験してないの？」と、年相応であるべきという年齢の呪いに晒《さら》されやすくなります。

女性のファッションにも年齢の呪いは強くみられますね。海外だと年を重ねた女性もショートパンツにタンクトップなど夏は肌を露出する人が多くいますが、日本だと「アラフォー　膝上スカート　痛い」という検索サジェストが多数ヒットします。年相応から外れた服を着ていると「イタイ」と冷笑されたり……。婚活支援の現場を見ていても、女性は年齢に敏感です。平均初婚年齢を過ぎたことや、高齢出産になることを引け目に感じる女性は多くいらっしゃいます。

ちなみに、年齢によるステレオタイプや偏見、差別のことをエイジズム（年齢差別）、年齢を理由に差別発言をしたり、嫌がらせをすることをエイジ・ハラスメントと言います。例えば「〜するには年を取りすぎている」と決めつけたり、人が何かを物忘れしたら「ボケたんじゃない」と言ったりすること。これらは年齢差別の表現にあたります。

年を取らない人なんていないのに、年配者への配慮に欠ける差別発言は、未来の自分自身を苦しめる行為でもあるのです。

「もうオバサンだから」

「もう私なんかオバサンだから……。いいな、あなたは肌がキレイで」。時折、大学生や20代の女性も言っていたりするのでびっくりします！

年を重ねれば重ねるほど、ファッションやメイク、言動など年相応の振る舞いができているかどうか、周りの目は厳しくなります。そんな中で自分のことを「もうオバサンだから」と言うのは、年齢のことで人からとやかく言われて傷つきたくないっていうところが本心でしょう。人から指摘されると傷つくけど、先に自分で言えば心のダメージは少なくて済みますよね。

そう言えば「もうおじさんだから」と男性が自虐的発言するのをあまり聞いたことがありません。ＪＫといえば女子高校生だし、ＪＤは女子大生です。アラサー、アラフォーなど年齢を表す形容詞も女性を指すことが多いですね。

女性であることの価値を若さで計るなんて考えたら、加齢とともに減価する一方！ちなみに私は「もうオバサンだから」と言ったことがありません。自分で自分の価値を落とす行為だし、それを聞いている若い女性にも呪いのバトンを受け渡してしまうので。年齢を気にしないと強がるのでもなく若作りするのでもなく、出来るだけフラットなスタンスでいたいなと女性の一人として思います。

類似する
呪いのフレーズ

「もう年だから」「私、いくつに見える？」

「お局様」

お局様は、もとは江戸時代の大奥において身分が高く年長の女官の呼び名で、リスペクトされる対象でした。それが今は（女性なのに）勤続年数が長くて、権力を持ち、人によって態度を変え、気分で言うことが変わって面倒くさい！　そんな年上の女性社員を揶揄する意味で使われます。結婚して主婦になることがあたりまえとみなされた昔は、女性正規雇用が珍しい時代もありました。そんな名残もあって、ネガティブな意味あいで使われてしまうのではないでしょうか。

「おばちゃんは図々しい」となぜ言われがちなのでしょうか。まず一つ目に、年齢による社会的見られ方の変化が考えられます。若い女性なら「テヘペロ♪」で許されてしまうようなことも年を重ねると世間の目は厳しくなったり……。

二つ目は女性に向けられる「控えめであるべき」「恥じらいを持つべき」という社会的期待が根強くあります。女性が、自分の意見を堂々と主張する態度は、そのステレオタイプから外れるため、「図々しい」と映ってしまうのです。一方で、同じような振る舞いをする「図々しい男」も同等数いるはずですが、女性に比べて表立って批判されることは少ないところに、男女における呪いの非対称性を感じます。

類似する呪いのフレーズ

「窓際族」
「おばちゃんは図々しい」

「結婚はまだ？　いい人いないの？」

年末年始、実家に帰省した時、親や親戚から早く結婚しろ攻撃を受けてげんなりした独身の方はかなり多いのではないでしょうか。

日本結婚相談所連盟の調査によれば、男性5割、女性4割が、年末年始の帰省で両親や親戚から「結婚を急かされた」経験があるそう。「早く結婚して一人前になりなさい」「年齢的にもっと焦ったほうがいいんじゃない？」などと言って、独身の人の価値観や生き方を否定する差別や嫌がらせのことをシングル・ハラスメントと呼びます。

もちろん結婚して家族を持つことが心からの幸せだと信じ、勧める場合もあるでしょう。しかしそこには善意のアドバイスを隠れ蓑《みの》にした親の身勝手やエゴが入り混じることがあります。自分の子どもがいつまでも独身だと親戚同士やご近所さんの手前、世間体が悪いから結婚を急かす場合もあるでしょう。

参考：IBJ（2021年）「年末年始、男性の2人に1人が『結婚を急かされた』経験あり。」
https://www.ibjapan.jp/information/2021/12/1-115.html

周りの声、特に親の意見はスルーしづらいかもしれませんが、実際に結婚生活を送るのは他ならぬ自分自身です。焦って安易に結婚して後悔するより、自分自身がどう思うかのほうがよっぽど大事。「早くしなくちゃ」ではなく「したいか」「したくないか」軸でライフデザインを構築していけるといいですね。

類似する
呪いのフレーズ

「早く結婚しなくちゃ」

「早く結婚して一人前になりなさい」

「もうチヤホヤされるような年齢でもないんだから」

「年齢的にもっと焦ったほうがいいんじゃない？」

「年取ってからの出産はリスクが高いよ」

「その年でバツなし独身、ヤバくない？」

「35歳以上なのに、理想が高すぎるんじゃない？」

「女は25歳過ぎたら売れ残り」

5 ママなんだからの呪い

母性神話が色濃く残る日本では、ママに向けられる期待値の高さは圧倒的！　核家族化、共働きなど、昔より子育てのハードルがどんどん上がっているのに、古き良き昭和の理想像がまかり通っています。自分は全然母親らしいことができていない……と罪悪感にさいなまれる人が急増。

ここ数年、出生率は最低記録を更新し続け、少子化の深刻さに政府が支援策を打ち出すも、国民の反応は冷ややか。

仕事と家庭の両立だけでも「無理ゲー」なのに、手間と時間をかけることが家族への愛情になるとか……、現実離れした期待値の高さが、「ママなんだから」の呪いとなっています。

高級タワーマンション高層階
里亜中家
ただいま！
おなかすいた～
パパは？ってまだ出かけてるのね！
ごめんねすぐごはん作るからね
ぐちゃ〇〇〇
その前に今日のおしゃれ着アップしないと…
ニコッ♡
Pi Pi Pi
夫
映美、ちょっと仕事で遅くなる～！
仕事って飲んでるだけじゃない！そんな暇あったら早く帰って子どもたちの面倒みてよ！
母親なんだから子どものめんどうぐらいおまえがみろ！
ピロン
ピロン…
#美しい暮らし
#憧れのタワマン
#美ママ #笑顔
♡3万

子どもを持ちながら働く女性が増えたものの、依然として昭和の頃に形成された専業主婦の理想像が残っていて、品数の多い料理やお弁当づくりなど家庭に求める期待値が高く、ママたちはいつもギリギリの中で仕事、家事、育児の綱渡りを強いられています。社会の状況がこれだけ変化しているのに、古い制度や価値観が残存される中、いざとなったら母親がなんとかしてくれるでしょ、という甘えが根強く残っていて、ママなんだからの呪いにつながっているのでしょう。

そういうママを見て「子育てって大変そう」「両立するのはもっと無理ゲー」と思い、育てられる自信がないと感じている独身者たちも少なくありません。

結婚するかしないか、子どもを持つか持たないかは、もちろん個人の選択の自由に委ねられるべきですが、今子育てしているママたちが背負っている呪いを解かない限り、若い人たちは子どもを持つことに後ろ向きになるばかりでしょう。

「仕事と家庭、どっちも完璧にやらなくちゃ」

共働き世帯が7割を超えてワーママはすっかりメジャーな存在になりましたが、ママなんだからの呪いは今でも根深くて、三重苦の申し訳なさを抱えていたりします。

①専業主婦並みに家事ができないという家事の申し訳なさ。
②長く子どものそばにいてあげられない育児の申し訳なさ。
③育休や時短勤務など、仕事面で周りに迷惑をかける申し訳なさ。

責任感の強い女性ほど、母親、仕事、妻という全ての役割に対して「ちゃんとやらなきゃ」「どれも抜かりなく完璧に！」と自分を追い込んでしまいがちです。

昔、業務委託の在宅秘書で小さな子どもを持つ女性に仕事を依頼したことがあったのですが、いつも夜中にメールが届くのでびっくりして尋ねたら、子どもの授乳や夜泣きで起きた時に事務作業を片付けるからだと話してくれました。

そこまでして頑張っても「働いて子どもがかわいそうに」なんて呪いの言葉を言われた日にはたまったものではありません……。これらは、おそらく日本にいまだ根強く残る「三歳児神話」から来るものではないでしょうか。子どもが三歳になるまでは母親は家にいて子育てしないと子どもの成長に悪影響があるというものです。しかし、「三歳児神話」について合理的な根拠は認められないという見解もあります。

参考：厚生労働省（1998年）「平成10年版厚生白書の概要　自立した個人の生き方を尊重し、お互いを支え合える家族」
https://www.mhlw.go.jp/www1/wp/wp98/wp98p1c2.html

類似する
呪いのフレーズ

「フルタイムで働いて、子どもがかわいそうに」

「お母さんが働いてる家庭は、子どもが荒れやすいって聞くよ」

「キャリアばかり追い求めて、家庭を犠牲にしてるんじゃない？」

「ママがお家にいてあげないと子どもが寂しがるわよ」

「育児よりキャリアを優先するのは子どもがかわいそう」

「一年は産休取るでしょ？保育園早すぎると子どもがかわいそう」

「すぐ休むから迷惑！仕事巻き取るのしんどい」

「好きでやってるんでしょ？嫌ならやめれば」

「料理は手間ひまかけるのが愛情の証」

「三食昼寝付きでラク」とか「税金で優遇されている」なんて言われたりするなど、近年、世間の専業主婦への風当たりが強過ぎませんか？

今の時代、もっとラクに家事できそうって思いますよね。ところが専業主婦の家事時間はこの15年間減っていないどころか微妙に増えていたりします！

２００６年の専業主婦の家事関連時間は５２１分（8時間41分）でしたが、２０２１年には５６７分（9時間27分）と増えています。これだけ便利な家電、時短ノウハウが世に出ているのに、一体なぜ家事の時間が減らないのか？　その原因は「丁寧な暮らし症候群」にあるのかもしれません。

「料理は手間暇をかけるのが愛情の証」「買ってきたお惣菜や冷食に頼るのは手抜き」と追いつめられてしまうわけです。「一汁三菜はマスト」なんてフレーズもその典型ですね。

参考：内閣府男女共同参画局（２０２２年）「令和５年版 男女共同参画白書」
https://www.gender.go.jp/about_danjo/whitepaper/r05/gaiyou/pdf/r05_gaiyou.pdf

好き好んでやるならまだしも、手抜きを悪と考え、無理してまで丁寧な暮らしに勤しみ、家族に対しても不機嫌になってしまうとしたら……それはもう呪いですね。

仕事だと工数を省いてコストをカットしたら生産性UPだと奨励されるのに家庭内だとそれが「手抜き」だとみなされてしまうのは、一体なぜなんでしょう。手間ひまをかける＝愛情だと換算されてしまうからなんでしょうね。

家事育児は「きちんとやろう」と思えば永遠に終わりません。できるだけ省エネして家族とのコミュニケーションに時間をあてたほうがよっぽど愛情が伝わるのではないかと思いますが、ママなんだからの呪いはまだまだ根深いようです。

類似する
呪いのフレーズ

「お惣菜や冷食に頼るのは手抜き」
「一汁三菜はマスト」
「丁寧な暮らしができてないと恥ずかしい」
「専業主婦だと旦那さんが大変ね」
「母乳で育てないと」

6 マウンティングの呪い

昭和の職場といえば、理不尽なことを言われても上司の言うことが絶対的正解とされどんな無茶振りにも「耐えて我慢」が美徳とされました。

ところが時代は急激に変わり、「正解」とされたやり方がすっかり色あせ、通用しないことが増えてきました。鉄板だった価値観が覆されるかもしれないのは、相当な恐怖！

「自分のほうが正しかったのに、今じゃオワコン（世間で飽きられ、旬を過ぎた情報を意味するネットスラング）か？」という恐怖にかられた時、人は自分の優位性を誇示せずにはいられなくなります。

心に渦巻く不安をかき消すため「自分の方が上だ」と主張する、これがマウンティングの呪いの元凶のひとつかも。

郊外住宅街
晴須家自宅
ただいま…
お帰りなさい
夕飯の支度できました
あいつはまだ部屋ン中か…
おい！ごはんだぞ！
コンコン！
コンコン！
コンコン！
カチャカチャ
うっせ～うっせ～うっせ～わ
うっせ～うっせ～うっせ～わ
うっせ～うっせ～うっせ～わ
コンコン。。。
コン。。。
俺がおまえぐらいの年には、もう一人前に働いてたぞ！
お父さん！
おまえの頃とは時代が違うんだよ！
近くでしゃべってもトーク（遠く）…。
なんちて…。

時代が変わり、社会の多様化が進み、いろんな経歴を持った人が組織に混在するようになりました。

特にコロナ禍以降のＩＴ化も見逃せません。リモートワークやウェブ会議など、オンライン上でできることが増えて働く環境もアップデートされ、昔の世代と今の世代間での価値観の違いが浮き彫りに！　新しい変化の波が押し寄せ、このままじゃ自分の立場や権威が危ういと感じた時にマウンティングは起きるのではないでしょうか。

「自分たちはあんなに我慢してきたのに」「その道しか選択肢がなかった」と、効率良く生きようとする若い世代を見て複雑な気持ちになってしまうのも分からないではありません。

長く正解とされてきた価値観が脅かされるのは耐え難い苦しみですし、ましてや自分たちが時代を支えてきた自負があるほど、その歴史が塗り替えられていくことへの寂しさも伴うでしょう。

ということは、人は特定の条件がそろえば誰しもマウンティング「する側」になる可能性がある、ということです。この本を書いている私だってそうです。人は、自分が劣勢に立たされたと感じ、みじめな気持ちになった時、自分のプライドを守る手段としてマウンティングに走ることがあります。マウンティングしてくる人を「アイツはダサい」と小馬鹿にするのは、将来の自分にブーメランを飛ばしている面もあります。

マウンティングされるのは気分的に嫌なものですが、「この人は心にどんな不安を抱えているんだろう？」と相手の心の奥を想像してみると、少し違う視点が持てるかもしれません。

「お前に言われる筋合いはない」

これらの呪いフレーズの共通点は、「私の存在価値を脅かすな」という牽制です。自分のメンツを汚さない範囲内だったら自由にしろ。しかし部下が自分を脅かすほど存在価値を増してくると途端に警戒し「お前に言われる筋合いはない」とストップをかけてこようとします。

これは大手企業に勤務する友人から聞いた話です。上司から「新規事業を閉じることになった。なぜうまくいかなかったのか原因分析をして報告書を作成してくれ」と指示されたので原因を究明し、報告書にまとめて無事提出したものの徹底したリサーチから上司の課題が浮き彫りになり「お前に言われる筋合いはない。作り直せ！」と言われ、報告書を突き返されたそうです……。組織で働く人にとって、この手の理不尽さは一度は経験したことがあるのではないでしょうか。おそらくこの上司の本音としては「でしゃばるな。私のメンツを汚さない程度に忖度しろ」ということなんでしょうね。

これも、同じ友人に教えてもらった話ですが、企画会議の時に同僚からされたマウンティングが激しかったみたいです。

同僚は上司のほうを向きながらこう言い放ちました。「事業部長のおっしゃる通りでございます！　それに比べてAさん（私の友人）の意見は少々客観性に欠けると思います……」

上司の太鼓持ちをしながら同時に同僚を蹴落とすという二刀流マウンティング！

この同僚の発言で友人の企画はあえなく却下されたそうです。怖すぎますね……。

類似する
呪いのフレーズ

「言われたことだけやってればいいんだ」
「礼儀知らずだな」「でしゃばるな」

7 アットホームの呪い

「家族は常に仲良くすべき」という理想に囚われ、息苦しさを感じる状態のことです。家族であっても、意見の違いや対立は当然あるもの。しかし、「常に仲良く」という理想を抱くと、現実とのギャップに罪悪感を感じ、無理に家族仲を維持しようとして感情を抑え込んだりしがちです。

「家族は支え合うのが当たり前」「親を大切にするべき」といった期待は、家族のどんな要求にも笑顔で応えなければならないという無理や我慢を生みます。また、そんな理想に沿えない自分は人として何か欠落しているんだという苦しさにもつながります。

高級戸建て住宅街
都留代の実家
カツカツカツ…
キィ…
お母さん…
いらっしゃい
どちら様かしら…
お母さん私よ。
都留代よ
うふふ…
おやおや
優しい方ね。
私もあなた
みたいな
娘がいるのよ
小さな頃から
そりぁ
可愛くて
勉強もできて
優しくて
アハハ…
友達も多くて
学校の
人気者だった
のよ
結婚さえしてくれたらね～
孫の顔が見たいわ…

日本の伝統的家族スタイルは男性が外で稼ぎ、女性が家庭を守る分業スタイルでしたが今では女性も働き手として社会進出するようになりました。そんな中で問題になったのが、家庭内におけるケアの担い手不足。育児と介護が同時期に重なってしまうダブルケアを行う人は約25万人にのぼるそうです！

育児や介護などを引き受ける専業主婦が減り、家庭内だけでケアを担いきれなくなったのです。こうなった以上、ケアの外部化が求められるべきですが、そう簡単にはいかない日本ならではの事情が透けて見えてきます。

どうやら「家族はこうあるべき」という古いバイアスが残ったままのようです。

さまざまな統計を見てみると、男性へは依然として一家の大黒柱としての期待の高さが窺《うかが》えるし、家事や育児などは女性が担当という意識が強いことが分かります。共働きでも男性には仕事を優先してほしいという結果も特徴的です。

参考：内閣府男女共同参画局（２０１６年）「育児と介護のダブルケアの実態に関する調査」
https://www.gender.go.jp/research/kenkyu/pdf/ikuji_point.pdf

「普通、男は家の外で稼ぐもんだよ」

婚活中のお客様の中には、非常に優秀でハイキャリアな女性がいます。しかし、彼女が自分と同じぐらいの年収の男性とお見合いをすると、ほとんどの場合「家庭のことは女性に任せたい」と、暗に期待されるそうです。本当は結婚後も変わらず仕事を続けたいと考えているのに、男性側は「自分が稼ぐから、女性は家庭に入って家事と育児をやってほしい」という昭和な価値観を持ち続けている。こうした呪いに囚われている男性が、今でも少なくないのでしょうね。

このようなケースは他にも見られます。

メジャーリーガーとして活躍する大谷翔平《おおたにしょうへい》選手が、元バスケットボール選手の田《た》中真美子《なかまみこ》さんと結婚を発表した時、日本中が「素敵な女性!」「お似合い!」と温かく歓迎しました。ですがメディアの伝え方にどこか昭和っぽさが漂っていると感じたのは私だけでしょうか?

例えば「奥様のなんの料理が一番お好きですか?」という質問です。アスリートの妻になるなら栄養管理をしっかりして、心のこもった手料理を、ということでしょうか。彼女の身につけているバッグの値段を報じて「派手じゃなくて控えめなところが好感度が高い」など勝手に理想の妻像を押し付けているとも受け取れる記事もありました。内助の功や良妻賢母をクローズアップするメディアの報じ方に、アットホームの呪いを感じました。

逆に女性が著名な場合、夫の収入が取り沙汰されやすい傾向にあります。男性の職業やプレゼントした婚約指輪のダイヤの大きさなどから、収入の大きさを推測するのです。男性の収入が高いと相応《ふさわ》しい相手を選んだと納得され、そうじゃないと逆玉の輿と揶揄されます。

これらの事例から透けて見えるのは〝一家の大黒柱である夫〟と、〝内助の功として夫を支える妻〟という、「ザ・昭和な家庭スタイル」そのものです！

現実として、男性の収入だけでやっていくのは厳しい時代に突入しているのに、依然として男性に経済力を期待する感覚は昭和のまま。著名人の結婚ニュースの時に、メディアが少なからず古い呪いの再生産に加担し、負の影響を放つことに違和感を覚えます。

一方で、こういう記事が依然として人気が高いのも事実。かつてのように男性が一家の大黒柱であり続けることが難しくなった今、男のロマンを体現してくれる一部のスーパーヒーロー的存在への期待が高まっているのかもしれません。そしてメディアの情報を受ける側も、どこかで現実離れしたおとぎ話感覚として楽しんでいたりする部分もあるのでしょう。

類似する呪いのフレーズ

「夫は一家の大黒柱であるべし」

「男が育休取るなんて、周りからどう思われるんだろう」

「旦那さんが子どもも見ててくれてるの？　エライ！」

「家のことは（妻の私が）完璧にこなさなくちゃ！」

「家族は仲が良いのが当たり前」

この呪いは、家族仲良しでこうあるべきという正解像を押し付けるフレーズです。例えば「家族は常に仲良くすべき」「家族間での支え合いは当然」「親を尊重し、大切にすべき」といったフレーズはよく耳にします。ですが実際にはこれらの理想をみんなが平等に実現できるとは限らないし、仲良し家族と自分の家を比べて劣等感を感じることもあります。

私自身、10歳から児童養護施設で育ったこともあり、極端に家族を理想化する癖とでも言いましょうか、「家族は仲良くあるのが当たり前」という理想に強く縛られてきたと感じます。

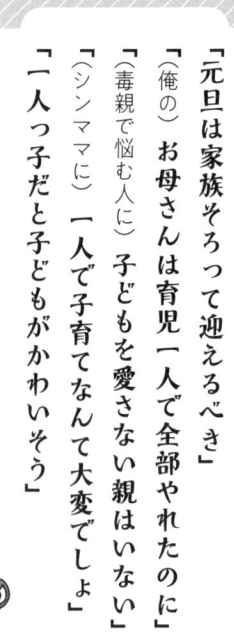

類似する
呪いのフレーズ

「元旦は家族そろって迎えるべき」

（俺の）「お母さんは育児一人で全部やれたのに」

（毒親で悩む人に）「子どもを愛さない親はいない」

（シンママに）「一人で子育てなんて大変でしょ」

「一人っ子だと子どもがかわいそう」

「親に孫の顔を見せてあげないと」

これは子どもが親孝行をプレッシャーに感じてしまう時に浮かぶフレーズです。

親孝行の「孝」は、儒教で重んじられる伝統的な徳目の一つで、親を敬い、大切に支えるという道徳的観念を意味します。絶対的に良いと信じられている親孝行信仰の影響は絶大で、社会的な圧力となることも少なくありません。

実際に、そこまで結婚したいと思っていなくても親を安心させたくて婚活に励む女性もいます。

「早く孫の顔が見たい」は独身者、特に女性が親から多く言われる言葉の一つです。

周りは悪気なく言っているだけかもしれませんが、だんだん嫌気が差してお盆や年末年始シーズンに深刻な〝帰省ブルー〟に陥る人もいます。

「そんなの鵜呑《うの》みにしないで、自分の人生を生きればいいじゃないですか」と励ましても簡単には受け入れられないようです。

婚活中のお客様の中には、「親孝行病」に罹患してる女性も少なくありません。

「いい子でいないと愛されない」「お母さん（親）を悲しませないようにしなくちゃ」と、常に親の顔色をうかがってしまう人が多いのです。

しかし、孫を見せたり、旅行やプレゼントを贈ることだけが親孝行なのでしょうか。

きっと親御さんに聞いてみたらそんな特別なことじゃなくて（もちろんしてくれたら嬉しいけど）子どもがただ普通に元気に生きていてくれるだけで嬉しいと答えてくれるのではないでしょうか。親孝行をしなくちゃと思い詰めすぎて、かえって親子関係が窮屈なものになってしまう……。これもまた呪いの仕業ですね。

類似する
呪いのフレーズ

「早く孫の顔が見たい」「いい子でいないと愛されない」

「（いらなくても）親からもらったものだから喜ばなくちゃいけない」

「子どもなら、帰省して顔を見せるのが親孝行だよ！」

「ちゃんと親孝行してあげないとね」「孝行したい時に親はなし」

呪いは、気づいて立ち止まれば、怖くない！

ここまで様々なカテゴリーの呪いのフレーズを見てきて、どれが特に印象に残りましたか。

社会で「普通」とされてきたことや「こうあるべき」という固定観念があちこちで呪いを引き起こしていることに気づいたのではないでしょうか。

これからは学んできた呪いのフレーズを頭の片隅に入れておけば、いざ呪いの言葉を言われたとしても大丈夫！「あぁ来た！　これは〇〇の呪いだな」と冷静に受け流せるようになります！　レジリエンスという言葉を聞いたことはありますか。簡単に言うと、逆境や困難から立ち直るしなやかな回復力のこと。実は、呪いに気づくことも、立派なレジリエンスなのです！　気づくことができれば、それらを乗り越え、自分の可能性をもっと広げることができます。

反応ではなく選択する

「呪いに気づく」とサラッと書いてしまいましたが、実はここはとても重要なポイントです。呪いは、人からの要求や期待、固定観念を含んであなたのもとに飛んできます。その時、どう対応するかで今後の道が大きく分かれます。

今までだったら、呪いの言葉を条件反射的に受け止めて反応してしまい、後でモヤモヤしていたかもしれません。これからは呪いの言葉を言われた時、すぐに反応する必要はありません。「おや？」と気づいて、立ち止まるのです。動画を途中で止めたい時の一時停止ボタンを押すような感じで。時間にしてひと呼吸分ぐらいでしょうか。

言われたことにすぐ反応しない「間」を持つだけで**呪いをどう扱うか、自分で主体**

的に選択できるようになります。間を置くだけで呪いをかけてこようとする相手のペースに乗らないでいられます。「反応」ではなく「選択」する。これを意識するだけで呪いに、意志を持って立ち向かえるようになります。

呪いの言葉をかけてくる人に、戦わずして勝つ

相手が呪いをかけてきたのに落ち着いた態度で接すると、向こうは肩透かしを食らいます。あなたからの反応を引き出したくて意地悪したのに「つまらない、なんだか悔しい」と感じるでしょう。逆にこっちが相手の顔色をうかがう態度でビクビクしているとつけ込まれます。何を言われても、どーんと構えて無反応を貫けば、だんだん言われなくなります。戦わずして勝つ作戦です。

「じゃあ呪いをかけてくる人に言い返すのはどう？」と思うかもしれません。しかし、呪いをかけてくる人を説得し、言い負かそうとするのは、結果として相手と同じ土俵で戦うことになります。そこにあなたの貴重な時間と労力をかけるのは勿体《もったい》無いと思

いませんか。

しかも変に言い返したりすると、相手に被害者ポジションを取られ、逆ギレされるかもしれません。

建設的な議論のできる人ならいいですが、そもそも呪いの言葉をかけてくる時点でまあまあ感情的になっているので、こっちの言い分や事情を話しても聞いてくれるのでしょうか？　そういう意味でも相手とムダに戦うのはうまいやり方とは思いません。

ではどうやったら昭和なフレーズに惑わされることなくいられるようになるのでしょうか。その方法は次章以降でみていきましょう。

3章

あなたにかけられた呪いを見極める方法

二章では、他人から言われることの多い典型的な昭和な呪いのフレーズを見てきました。これからは含みのある呪いの言葉を言われたとしても、自分の中にあるセンサーが発動し、すぐに気づくことができます。これだけでも防御力がかなり上がり、他人の言葉に振り回されることが減るでしょう。

「あんなこと言われてもやっぱり真に受けなくてよかった」とちょっとホッとした方もいるかもしれませんし、「いやいや、これってさすがに時代錯誤でしょ」なんて、笑って読み進めた方もいるでしょう。

もしかしたら、「あれ、これはちょっと他人事《ひとごと》じゃないかも……」と、胸の奥がざわつくフレーズもあったかもしれません。

この本を手に取ったということは、「漠然とした生きづらさ」を感じたり、「しなくていい我慢」をし続け息苦しくなっていたりしてる方もいるはず。この章では、もしかしたら気づかないうちに〝あなた〟自身にかけられているかもしれない昭和な呪いを明らかにしていきます！

どうやって自分にかけられた昭和な呪いに気づくのか

実際に呪いに気づく方法を試みたお客様の例です。「結婚したくて婚活しているはずなのに男性とデートをすることがとてもしんどい」と沈痛な表情で話す女性がいました。呪いに気づく方法を実際やってもらったところ「結婚するなら妥協しなくてはいけない」という呪いにかかっていることが分かりました。自分をしんどくさせている正体が自分にかけられていた呪いであると気づき「ワクワクできるような結婚生活を思い浮かべ、幸せな結婚をしたいと思います！」と晴れやかな表情で話してくれました。このように、やりたいことに取り組んでいるのになぜかしんどくて気が進まない……ということがあります。

いざその時になると他の理由をつけて先延ばししたり、いつまでもやらないままだったりすることはありませんか。多くの場合、自分の能力や知識不足のせいだと思ってしまいがちですが、自分にかけた呪いが行動に制限をかけていることがあります。必要以上に物事を難しく捉えて、なかなか一歩踏み出せないのも、呪いが奥に潜んでいるからかもしれません。

そんな時、この方法で行動を止めている本当の原因を見つけ、その先へ進むことができます。

この方法は、否定的な思考パターンや認知の歪みを特定し、それを前向きな思考に置き換えることを目指すやり方です。

例えば、「結婚できずにいる」人がいたとします。

それが本当に事実に基づいているかどうかを検証し、よりバランスの取れた視点の獲得を目指します。こうすることで、ストレスや不安が軽減され、行動変容が促進され、より健全な思考習慣を身につけることができるのです。

まずは、**状況**を確認し、そこで感じている自分の**気持ち**（願望）に気づきます。次に、その気持ちを生み出す原因となっている**考え**（思考）を見つけます。

例えば、「結婚できずにいる」という状況に対し、「早く結婚したい」と焦りを感じる場合。その焦りを生み出す原因は「適齢期を超えてしまってもう無理」という考えからきているかもしれません。ここで大切なのは**気持ち**と**考え**をしっかり分けて考えることです。

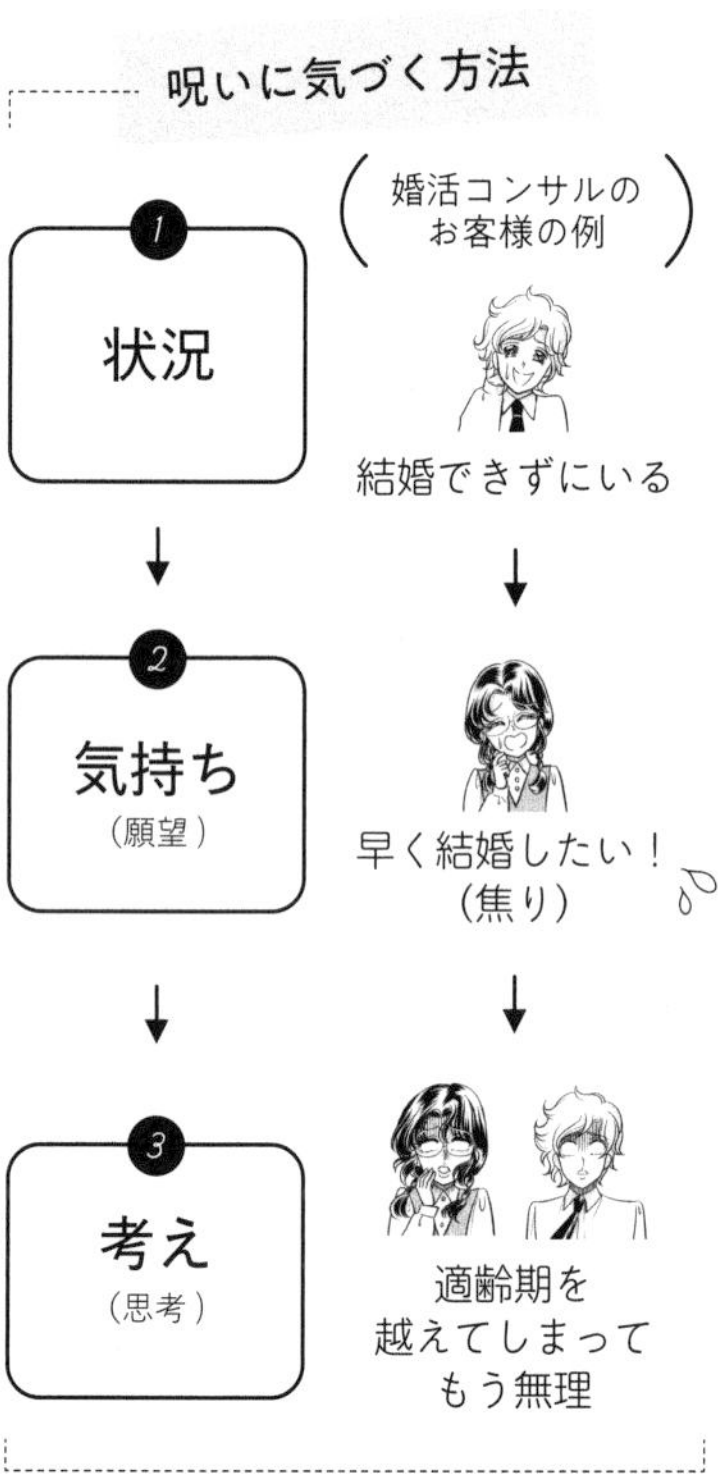

自分の頭の中を外に出して整理することで、「もしかしたら他の視点もあるのかもしれない」とより柔軟に物事を捉えられるようになっていきます。

「やりたい！」と思う強い願望や達成意欲があるのに、やろうとした瞬間ブレーキがかかってしまうのは、そこに強い固執した考え方が潜んでいるのかもしれません。現状をどう感じ、どう考えているのかを感じ取れれば、自分にかかった呪いを発見できます。呪いをあぶり出すのはとても大事なので、是非、ここはじっくりと向き合ってみてください。

例えば、家に友達を呼んでパーティーをしたい願望があるのに、それに踏み切れない状況があるとします。

この時「家を見られるのが恥ずかしいから」という思考が浮かぶかもしれません。

そこで一歩踏み込んで自分に問いかけます。なぜ恥ずかしいの？　そう思う理由は？　すると「モデルルームのようにきちんと片付いた家じゃないと人としてダメだと思われる」という考えが浮かび上がってくるかもしれません。

婚活の例を挙げて解説します。

相性が合わない人からアプローチされることが多い（**状況**）。でも本当は「ありのままの自分として異性と仲良くなりたいのに」とモヤモヤしている（**気持ち**）。こうした葛藤を抱える女性がいました。実際、多くの女性から寄せられる悩みをこの方法に当てはめてみました。ありのままの自分として愛されたいのに、実際には自分のタイプじゃない人からばかり誘われる。矛盾がありますね。

そこで自分自身に質問をしていきます。「もしかして、ありのままの自分の魅力を十分に表現できていないとか？　だから魅力が相手に伝わっていないのかも」「自分がイメージするありのままと、男性に伝わる印象に乖離《かいり》があるのかも。なぜだろう？」「もしかして、ありのままの自分を出すことを怖いと思ってる？」のような感じでどんどん掘り下げて質問します。

すると、モヤモヤの感情を生み出しているもととなっている**考え**（思考）、つまり呪いに気づくことができます。

で、起用するタレントの件なんですけど
ちがうぞ、ちがうぞ、今の時代、世の中の人たちの心に響くやり方がもっとあるんじゃないか…。自分の案をもう一度提案したら…！
待て待て！そんなのどうせ無理だ…。反対されるに決まってる…。どうせ、どうせ俺なんか…
あ、商品開発部の鈴木さん
鈴木さんが辞めるなんてもったいない！今はいろんなやり方あるし、辞めないようにアドバイスしよう…！
待って！待って！そんなのどうせ無理よ！おせっかいって言われるに決まってる。どうせ、どうせ私なんか…

ちょっとまったぁ～！

いろんな人がかけてきたいろんな"昭和な呪い"を見てきて、気づいたみたいだけど、それに一番肝心なコトに気づいてないみたいね…

YOUは最も恐ろしい"昭和な呪い"にかかってる！

最も恐ろしい昭和な呪い!?

そうよ、あなたがあなた自身にかけてる"昭和な呪い"よ！

ガビーン
ガビーン

否定的な思考パターンを強固にする、自分で自分にかけてしまう呪い

昭和な呪いに気づく方法で、否定的な思考パターンに気づいたとしても、「そうは言っても……」とまだモヤモヤが晴れないと感じている方が、もしかしていらっしゃるのではないでしょうか。

残念なことに、世の中にはもっと厄介で複雑な呪いが存在します。それは、自分自身にかけてしまう呪いです。自分の手で否定的な思考パターンを内在化させ、無意識に自分を縛り続けてしまうのです。自己呪縛が心の奥にあると、何をするにも必要以上に不安や恐怖を感じて前に進めなくなってしまいます。

では「自分にかけてしまう呪い」とは、具体的にどのようなものでしょうか。

いくつかの例を紹介します。

相手のためを思って、つい我慢しすぎてしまうことはありませんか。最初は純粋な好意で始めたことが、自分の中で当たり前になり、今日はちょっとしんどいなと思う

日でも手を抜けず、無理してまでやろうとする。そんな時「どうして自分ばかりこんな我慢してるんだろう……」と疑問が芽生えます。我慢しているのに気づいてもらえないし、ありがとうも言ってもらえない。人によっては、この時点で限界に達し、爆発してしまうこともあります。

私は、人前で感情を露《あら》わにできる人を見ると苦手に感じます。これは、幼い頃に親元を離れ、養護施設で育ち、思う存分に甘えることができなかった経験が影響しています。自分ができなかったことを他の人がやっているのを見ると、分かっているつもりでもイライラしてしまうのですね。

他の人が褒められているのを見ると、自分が劣っていると感じたり、どうして普通のことができないのか……と罪悪感を覚えることはありませんか。「自意識過剰かもしれませんが、特定の女性がたくさん褒められることで、自分が貶《おとし》められているように感じることがあります」といった声も聞きました。

婚活コンサルティングを受けてくださっているお客様に「過去に呪いの言葉（偏見や常識の押し付け）を言われたことはありますか」とアンケートを取ったところ、これらの回答が寄せられました。「妥協しないと結婚できない、という呪いにかかっていることに気づきました」、「年齢＝彼氏いない歴。お付き合いした経験がありません。障害をもつ兄弟もいます。だから私は誰とも結婚はできないのではないかと自分に呪いをかけている気がします」、「本当の自分は嫌われてしまうんじゃないかって恐怖があります。嫌われないように周りに気を遣いすぎ、うまく立ち回ることだけ考えて、いつも疲れてしまう」

やはり自分で自分に呪いをかける女性は多いのだなと感じます。

人から言われ続けた言葉が、自分にかける呪いになってしまった例もあります。

ある女性は、幼少期にお母さんから「そうは言っても現実的には難しいわよ」と言われ続けたせいで、大人になって何かしようとするたびにその言葉が浮かび、行動するのが怖くて何をするにも慎重になってしまうそうです。

私は、小学生の時「あなたの言葉って人を傷つけるよね」「それを言っちゃおしまいだよ」と言われたことがあります。それ以来ずっと、「私の言葉は人を傷つけるんだ」と萎縮するようになりました。今振り返ると、おそらく無意識のうちに本質を鋭く突いた発言をしていたのかもしれず、見透かされたようで「怖い」と思われたのかもしれません。ただ、今では洞察力を持って言葉にすることが私の仕事においてとても大事な要素となっているので、わからないものです。

「自分にかけてしまう呪い」についていくつかの事例を紹介してきましたが、他人事とは思えないものもあったでしょうか？　もしかしたら、あなたも、知らぬ間に自分で「もっとこうすべき」「これではダメ」といった呪いを自分にかけ、必要以上に自分に厳しくなったり、行動を制限してしまってるかもしれません。その結果、我慢やイライラ、罪悪感としてその歪みが表に現れるのです。

では、どんなタイプの人が自分で自分に呪いをかけてしまいやすいのでしょうか。それはいわゆる"いい子"タイプと言われる人たちです。例えば、次のような特徴が挙げられます。

☑ 相手の機嫌の変化を敏感に察する
☑ LINEの返信が来ないと不安になる
☑ 場の雰囲気を読んで周囲に合わせる
☑ 自分の意思を主張するのが苦手
☑ 悪いことがあると自分のせいだと思いがち
☑ 人に嫌われることを恐れ、わがままを抑えがち
☑ 周囲の期待に沿う優等生なコメントが多い
☑ 素をさらけ出すのは苦手

4つ以上当てはまる場合、「いい子タイプ」である可能性が高いと言えます。

いい子は相手の表情や状況を察するのが得意で、サッと先回りして動けてしまいます。ある意味でとてもホスピタリティが高い人だとも言えます。

しかし、そのために無理や我慢を重ね、自分に厳しい呪いをかけてしまいます。他人の期待に応えようとすると、自分の感情やニーズが後回しになり、結果的に我慢や

怒り、罪悪感といった症状が出てくるのです。

いい子であること自体が決して悪いわけじゃないですが、対人関係におけるバランスで相手を優先しやすく、自己犠牲的になってしまうリスクがある……ということを念頭に置いておくといいでしょう。

何気なく使う口癖から自分で自分にかけた呪いに気づく

実は何気なく使う口癖に気づくことで、自分で自分に呪いをかけているかどうかに気づくことができます。

自分で自分に呪いをかけてしまいがちな人が口にする代表的な常套句《じょうとうく》があるのです。

お客様とのコンサルティングの場で、本人が気づかないうちに何度も繰り返しこの言葉を口にする人がいます。メモにしてあとで回数とともに伝えるとすごくびっくりされます。

その言葉が次の二つです。

「どうせ自分なんて…」

「どうせ自分なんて」と思うのは、自分を卑下する口癖の一つです。何かを期待したけど手に入らなくてがっかりするくらいなら、最初から諦めたほうが深く傷つかなくて済む。だから、最初から低い期待しか持たないようにする。そうすればうまくいかなかった時も「ほらね、どうせこうなると思ってた」「こんな私だから、この結果になったとしてもしょうがない」と自分を納得させやすくなるのです。自分がこれ以上傷つくのを避けるための自己防衛的な口癖ともいえます。

「どうせ自分なんて」は自分の価値や才能を、低く見積もって自分を卑下する時に使われることが多いです。だからせっかく仕事で高く評価されたとしても「こんなの大したことない」と過小評価したり、異性からアプローチされたとしても「こんな私のことをイイと思ってくれるなんて、きっと大した人じゃない」と思ったりしてしまいます。しかも、本人的には謙虚に振る舞っているつもりなのが厄介です。天才すぎる自己卑下の才能を称して、「ヒゲ（卑下）男爵」の称号を与えたいと思います（笑）。

なんとなく、自信過剰になるよりは謙虚で控えめなほうが嫌味にならなくていいのでは？　と思いますよね。しかし謙虚と自己卑下は似て非なるものです。

その違いは、自分に対する肯定感の差にあります。謙虚な人は、ちゃんと自分の能力や実績を認めています。自己卑下する人は、自分の能力や実績を過小評価して、適正に認めてません。謙虚な人も自己卑下する人も会話の流れでは「私なんかでいいんですか？」と謙遜するかもしれません。でも内心での受け止め方や自信がぜんぜん違います。思った以上に過小評価していた自分に気づければ、呪いが解けたも同然です。

例文

「**どうせ**、誰も私のこと**なんか**気にしてくれない」
「**どうせ**私の意見**なんて**通らないし」「**どうせ**今回も続か**ないし**」
「**どうせ**私は不器用**だし**」「**どうせ**自分**なんか**大したことない」
「**どうせ**若く**ないし**」「**どうせ**私のこと**なんか**気にしてもらえるはずがない」
「**どうせ**自分のこと**なんか**後回しされても仕方ない」
「**どうせ**私**なんて**お母さんに愛されてこなかったし」

「…たら」、「…れば」

目標を達成できたら、もっと自分を認められるだろう、という言い草です。目標が達成できたら自分を認められるということは、達成できないうちは「今の自分じゃまだダメ」と言う自己否定の暗示を強めてしまうことにもなります。さらに、この言葉の怖いところは、AをクリアしたらB！　BをクリアしたらC！　とどこまでも成長を求め続けてキリがないところです。

もっと成長したいと思うこと自体はとてもよいことです。しかしそれがいつの間にか、上には上がいる、「もっと成長しなきゃ」、「みんなに置いていかれてしまう」、だからちょっとでも立ち止まってはいけないと、休んでいる時も「何か生産的なことをしなければ」と落ち着かなくなり、成長中毒になるのがこの呪いの恐ろしさです。

成長すれば、その先にいいことが待っているはず！　という考え方でいくと、今というこの瞬間は、いつまでたっても未来のための準備期間でしかなくなってしまいます。体験そのものを、それ自体として味わう感覚が薄くなりますし、楽しめなくなる恐れもありますよね。

もっと幸せになるための成長だったはずか、成長することそのものが目的化し、囚われてしまい、幸せを実感しづらくなる状態が起きうると言えます。

かつての私にとって達成したい目標は「安心して落ち着ける居場所を見つけること」でした。幼少期、児童養護施設で過ごしたこともあって、私にとって居場所を獲得することは生存に直結するほど大切なものだったので過剰適応と思えるほど、周囲の人に好かれようと努力しました。最初のうちは頑張ることで喜んでもらえて純粋に嬉しいと思っていました。

ところがそれは、いつの間にか「頑張らないと居場所を失ってしまう」という呪いにすり替わりました。頑張らないと自分は無価値だと思い込むようになり、皮肉なことに、頑張れば頑張るほど自己肯定感はどんどん下がっていきました。周囲から良い評価を受けても、「そんなの大したことない」と感じてしまっていたのです。そんなふうに追い込み続けたら、メンタルダウン…。今思えば完全に成長中毒状態でした（笑）。

人は、すでにあるものより欠けているもの、足りていないものに目がいきやすいものです。ずっと欠点を埋める自分探しの旅が続いてしまうのだなと痛感しました。

繰り返しますが成長を目指すこと自体はいいことですが、私の例のようにｔｏｏ

ｍｕｃｈになると弊害のほうが大きくなってしまいます。どこからが苦痛の分岐点になるか人によって違うと思うので、自分にとってのいいさじ加減を見つけられるといいですね。

例文

「一流企業に就職でき**たら**、親に認められる気がする」
「結婚し**たら**、周りからやっと一人前として見てもらえそう」
「子どもができ**れば**、やっと親も一安心してくれるだろう」
「二人目ができ**たら**、〝理想の家庭コンプリート〟って思える」
「子どもが名門中学に受か**れば**、ご近所やママ友の前でいい顔できる」

「どうせ〜なんて」と「たられば」。この二つに共通するのは、今の自分の状態に満足していない。満たされていないということです。なぜ満たされていないのかというと、それは自己評価を他人に委ねているからです。
どちらも、自分ではあまり意識していなかったとしても他人からの承認を期待している部分が潜んでいます。

しかも承認欲求は甘くておいしい砂糖菓子です！　一度味わうとどんどん欲しくなります（笑）。

人から「いいね！」と言ってもらえる承認に依存していると困ったことが起きてしまう可能性が高まります。

願望と思っていることが、実は間違った思い込みの可能性も

他にも呪いを解くことを難しくする要因があります。それはいつのまにか間違った思い込みを願望と勘違いしてしまうということです。間違った思い込みとは、本当は自分が必要としていないのに、外部の影響によって欲しいと感じてしまう偽りの願望のこと。社会的な圧力やメディアの情報、周囲の人たちの影響で「欲しい」と思い込

むけど、実際には自分の本当の価値観や必要性とは合ってない欲求のことです。

間違った思い込みをどうやって見極めるのかですが、なぜそれをやりたいと思うのか、自分を動かしている動機を読み取るとすぐに分かります。

自分を動かす動機には、内発的な動機と外発的な動機の二つがあります。

内発的な動機は、内なる情熱や衝動、好奇心など根源的な欲求に基づくもので、「〜したい」という表現を用います。「やりたいからやる！」という状態です。例えば、趣味で絵を描く人は、描くこと自体が楽しいから続けられるといった場合ですね。内発的動機で行動する人にとって、行動そのものが報酬だったりします。周りから評価されるかどうかはモチベーションにあまり関係なく、その行為を行うこと自体に楽しさや、やりがいを感じられるのです。

外発的な動機は、外部からの報酬や評価、承認されたい欲求に基づくもので「〜すべき」という表現を用います。「怒られないため」など、本人以外の要因によるもの。やった後に得られるご褒美を目当てにしているので、自分が期待するような評価が得られないとつまらなくなり行動を止めて挫折してしまうこともあります。外発的な動機によって行動すると、本当にやりたいことではなく、周囲の期待に応えるための間違った思い込みを抱いてしまうこともあります。

間違った思い込みかどうかを簡単に見分ける方法があります。

「今、自分はどちらの動機をより強く感じているだろうか。やりたい？　それともすべき？」と問いかける方法です。例えば、家族からの頼まれごとだったら、できる限り引き受けようと思う人もいるかもしれません。心優しくて責任感が強い人ほど、NOと言わずどんどん受け入れてしまうでしょう。

余裕がある時ならそれでもいいのですが、自分が忙しくて余裕がない時に頼まれごとを引き受けると「(やりたくないけど）～しなければいけない」モードで行動するのでだんだん気持ち的に苦しくなります。

大切な家族からのお願いだったとしても、全てを自分自身にとっての「やりたいこと」に変換するとさすがに無理が生じます。我慢が積もって相手を嫌になってしまうこともあるかもしれません。まず自分自身の「やりたいこと」を大切にしたいですね。

時間の経過とともに、動機が大きく変わることもあります。

私は幼少期、家族がバラバラになって施設で育った経験からトラウマ級に人間不信に陥りました。とはいうものの、どこかで人と温かい交流を持つことへの憧れが捨てきれなかったのでしょう。人見知りでコミュニケーションへの苦手意識も強かったのですが、それを最も強く求められる環境に身を置いて鍛えたいと思ったのでキャビンアテンダントを目指しました。やりたい！　というよりも、コミュニケーションへの苦手意識を克服しなければという危機感に迫られての外発的な動機です。

そして、社会人になって参加した合コンで人間観察のおもしろさに目覚めたのをキッカケに、およそ千回以上は合コンを企画したでしょうか。お酒も飲めない。出会いも求めていない。それなのに合コンを企画する私を、周囲は不思議がりました。周りの人にとって合コンを企画するのは面倒くさいこと、「すべきこと」に思えるのでしょう。

しかし私は合コンで人間心理が錯綜《さくそう》する様子を観察することに夢中になりました。参加者は新たな出会いを喜んでくれましたし、雑誌のコラムに書いたら読者の方が楽しんでくださいました。貴重な二十代を合コンに捧げるという馬鹿げた行為でしたが、結果的に多くの皆さんに貢献できたのは予想外でした。しかし動機はあくまで私自身の好奇心を満たすためなので、ちっともしんどくありませんでした。

苦手なコミュニケーションを克服するために、やらなくちゃいけないと思って義務感ではじめたことが蓋を開けてみれば好きなことに変わっていたのです。

注意したいケースもあります。家族や恋人同士など、周りのためといった外発的動機で行動する場合です。最初は純粋な気持ちから「あなたのために」、「家族のために」という内発的な動機だったかもしれません。しかしそれがいつの間にか、「大切な人のためにやらなくちゃ」になってしまうこともあります。どこかで無理してまで尽くしたことを、「分かってもらいたい」と共感や承認が欲しくなります。特に家族に対しては。それが当然のような態度をされたり、期待した評価が得られないと悲しくなりますよね。

やがて「私がこうなったのはあの人のせい」、「家族のためこんなに努力して頑張ったのに、どうして評価してくれないの」と、被害者意識を持つことにも……。「あなたのため」と「自分のため」。このバランスに悩む人は多いのではないでしょうか。

これらのケースにもあるように、一度決めたことでも状況次第で良くも悪くも移り変わっていくものだと捉えるのが自然です。そのためにも定期的に自分自身との対話をしていくことが欠かせません。

なぜ呪いを放置してしまうのか

冷静に俯瞰《ふかん》してみれば決して望ましい状況ではないのに、その状況に何かしらのメリットを感じ、呪いの状況を維持してしまう人がいます。

呪いであると気づいても、そのままにしてしまうのはなぜでしょうか。呪いがあるのにそのままにしている時によく聞くのが「頭では理解しているつもりなんです。でも……」というフレーズ。こういう状態の時、本人的には決して何もしていない訳ではありません。人に相談したり、情報を調べたり、それなりに準備をしています。でも、いざ行動するという段階になった途端、ピタッと進めなくなるのです。

気づいてもそのままにしてしまうのは、心理的な抵抗や自己防衛の一種であると考えられます。問題を直視することで感じる不安やストレスを回避しようとする行動なのでしょう。呪いに気づくと、自分の内面と深く向き合うことになるので、その過程において少なからず痛みを生じることがあります。

お客様のコンサルティングをしている時でも似たような状況が起きます。課題に対して対話が深まり、いよいよ核心部分に迫ろうとする質問をすると、意図的なのか無意識なのか分かりませんが、質問したことに対して的を射ない回答をする方もいます。こちらの質問が分かりにくかったのかもと思い、別の言い方で、もう一度質問しますが状況は変わりません。おそらく、ご自身の中で何かブレーキがかかったのでしょう。無理にこじ開けようとすると余計に抵抗感が強くなってしまうため、お客様の自然なペースでの自己変容を尊重し、今はその課題と向き合いたくないサインであると理解して、その日のセッションではそれ以上深掘りするのを止めます。

呪いに気づくと、改善すべきことが自然と頭に浮かんできます。すると、「あれも、これも、やらなきゃいけないことがたくさん……!」と、変化によって生まれる新しいタスクに目がくらんでしまい、「やっぱり今はやめておこう」と引き返したくなる人もいるでしょう。そう感じても、少しも不思議なことではありません。

マッチングアプリのプロフィールに無個性で無難なことしか書かないお客様が非常に多いのですが、そもそも婚活は「私はこんな人です」と、自分の個性や魅力を存分にアピールする場であるのに、不特定多数の人から嫌われないことにメリットを感じ、控えめにすることを優先してしまうのです。

本人は「これでうまくいく！」と思い込んでいるかもしれませんが、実際には自分自身や、やりたいことが抑圧されている状況です。まやかしに過ぎず、本当の意味でその人を幸せにするメリットではないということですね。

4章

昭和な呪いはこうして解く

「書く」ことが、最強の呪いの浄化方法である理由

さて、いよいよ四章では、昭和の呪いを解く方法をご紹介します！　その方法として「書く」ことに焦点を当てていきます。

なぜ「書く」ことがおすすめなのかというと、私自身が十歳の時から三十年以上実践し、その効果を身をもって実感している方法だからということです。生きる意味さえ見出せなくなっていた絶望の幼少時、ディズニーランドで一目惚れした日記帳を手に入れたのが「書く」ことの始まりでした。書くことを通じて、少しずつ自分を取り戻すことができたのです。

また十年以上にわたり婚活支援をする中で多くのワークを提供してきましたが、お客様からも「書く」ことの効果の声を多数いただいています。

とは言うものの「もっと他に有効な方法があるのかも？」と思い心理学やコーチングなどのさまざまなセミナーやワークショップを受講してきました。どれもそれぞれに実践的で魅力的な内容でしたが、ある程度、知識を習得してからじゃないと出来な

いという面倒くささがない「書く」ということが一番ハードルが低くベストな方法であるという結論に至りました。

「書く」ことは、日常生活の中で自然に取り入れられます。ノート（なんならチラシの裏でも紙切れでもOK）とペンさえあれば、すぐに始められる手軽さが魅力です。家でリラックスしながらでもいいし、新幹線やホテルの中でも手軽にできます。「今やろう！」と思ったその瞬間に、どこでもすぐに取り組めるのが大きな利点です。

私は基本、自宅で朝起きた時に書く派ですが、お気に入りのカフェなど普段と違う場所に行くと、いつもと違う感覚が芽生えやすいので、偶然のひらめきが降りてくることを期待してノートを持って行ったりもします。

しかしカフェで何気なくノートを広げている人が、まさか呪いの浄化中であるなんて、夢にも思わないでしょう（笑）。それぐらい違和感なく日常に溶け込めるってことですね。

「書く」以外の方法として「話す」という手段もあります。

人に話を聞いてもらいながら、自分の考えを整理していく方法です。友人に悩みを聞いてもらうと、気持ちがスッキリしますよね！

しかし、自分が話し終わる前に相手に遮られてしまったり、意見を押し付けられたりすることもあるでしょう。こちらが悩みを相談していたはずなのに、いつの間にか自分が聞き役になって、消化不良のまま時間が過ぎてしまうなど……。

こうした点を踏まえると、「書く」ことが呪いの浄化には最強であると言えます。実際に、書くことがなぜ有効なのかについてですが、筆記療法に関する多くの論文が国内外で多数発表されており、効果は統計的に有意であると実証されています。

ちなみに「書く」とは、自分自身と対話するということです。自分自身に話を聞いてもらい、必要であればアドバイザーとして自分にアドバイスを与えるという手法です。人から言われると、たとえそれが正しくても、反発したくなることってありませんか。でも、自分自身から出た言葉だと、不思議と素直に受け入れられたりします。

一度やり方さえマスターしてしまえば、優秀なアドバイザーを自分の中に持つことが可能です。もちろん、他人のアドバイスを無視すればいいというわけではありません。しかし、事あるごとに人の意見ばかり聞いていると、かえって迷いが増し、新たな呪いにかかるリスクにもなるでしょう。

他人の意見は参考程度に取り入れても良いですが、最終決定をするのは自分自身であるべきです。自分自身と対話する時間を増やし、決定を繰り返していくうちに、呪いは次第に解け、かかりにくくなっていくのです。

呪いを解く鍵は、「ちょっとずつ」

人には少しずつ変わっていくという行動特性があります。マインドコントロールや洗脳も、この特性を利用して、相手の警戒心を解きほぐしながら少しずつ操作していくと言われています。呪いも、自分が気づかないうちに思考や行動が改変されてしまう部分において共通していると言えます。一気に変化しようとすると、人は無意識のうちにそれを危険だと感じ、急ブレーキをかけてしまいます。それで少しずつの変化を好むのです。呪いを解くためには「ちょっとずつ」が重要なポイントです。

例えば婚活中の女性の場合、このような段階を経て呪いに陥る場合があります。

「いい人いないの？」と言われ価値観が揺らぎ、自己否定や罪悪感を抱く

↓

「結婚できない自分は欠陥があるのかも」と疑心暗鬼になり人の意見に受動的になる

↓

「早く結婚を」という焦りから呪いを内在化し定着させてしまう。

「結婚しなくちゃいけない」という自身の内に根付いてしまった考えは、段階的な呪いによって追い詰められてきた結果だということがわかります。「結婚しなければ」というプレッシャーが積み重なり、最終的に強い呪いになってしまうのでしょう。

呪いを解く3つのステップ

ちょっとずつ呪いにかかるということは、逆を返せば、呪いは段階的に解いていけると思いませんか。「段階的に呪いを解く」とはどういうことか、イメージしやすくするために、ドイツの心理学者レヴィンが提唱した行動変容プロセス「解凍→変革→再凍結」理論に当てはめて説明します。この理論は、人が変化する過程を3つに分けて説明するもので、人間の特性をうまく利用した変容ステップとされています。

では、どのようなステップで呪いを解いていくのか、全体の流れを説明しましょう。

Step 1 回復させる

傷ついた心を癒して、自己肯定感を回復させます。そのために、心をこまめにリセットすることが大切です。自分で心理状態を切り替えられるようになると、嫌な感情を引きずらず、静かな自信を育むことができます。どんな状況でも、自分自身で立ち直る力を身につけていくのです。

Step 2 疑問を持つ

「疑問を持つ」ことを通じて、自分の考えを再構築します。これまで無批判に受け入れていた呪いの言葉に対して、「それって本当?」と疑問を投げかけることで、自分にとって望ましい考え方に書き換えていきます。当たり前に疑問を持ち、自身の考えを再構築しつつ、主体的な意思決定を取り戻す段階です。

Step 3 本来の自分自身を取り戻す

意見や感情を自由に表現する練習を行い、本来の自分らしさを取り戻します。このステップでは、自分自身とのコミュニケーションを深めながら、意見や感情を自由に表現する練習を行います。抑圧されてきた気持ちを解放し、自分が本来持っている才能や魅力に気づき、それを表現できるようになることが目標です。

以上が、呪いを解く3つのステップです。それぞれの段階を意識しながら進めることで、呪いの影響を和らげ、最終的には呪いを解くことができます。

では具体的なやり方を紹介していきましょう。

Step 1 回復させる

ステップ1では、傷ついてすり減った心を回復させる方法を紹介していきます。

ネガティブな呪いの言葉を言われ、最初は少し反論してみるけれど、言われ続けているうちに自分の意見に自信がなくなってしまう……。そんな経験はありませんか？

例えば、一人暮らしの人が「今は良くても、将来何かあった時困るかもよ」というような根拠のない不安を煽《あお》ることを言われたとします。最初は、「独身一人暮らしは、全て自由だしそれなりに楽しいよ！」なんて反論したものの、「五十代、六十代になっても同じこと言える？」、「孤独死増えてるみたいよ」なんて言葉を重ねられていくと、だんだんと「間違っているのは私のほうかも……」と自分を疑うようになってしまいます。

意見に同意しないで、自分の考えを主張すると、不安を煽る強い言葉でまるで「間違っているのはあなた」、「おかしいよ？」と感じさせられた経験は誰しもあるでしょう。あたかも相手の言うことが正解で、自分が間違っているかのように思わされる……。

このように他者を心理的に操作し、現実認識や自信を失わせてコントロールする手法を「ガスライティング」と呼びます。感じる必要のない罪悪感を植え付けられ、自信が奪われていくのです。昭和な呪いがかけられる典型的なパターンと言えるでしょう。

このような時「そんなの気のせい」「まいっか」とスルーしてしまうのはおすすめできません。放置すると、呪いの言葉が無意識の中に残り続け、負の思い込みとしてどんどん強化されてしまうからです。だからこそ、呪いの言葉にモヤモヤしたら、まずはすぐに「リセット」することが大切です。

そんな時、効果的なのがこちらのワークです。

一つは「**ご自愛の練習**」。もう一つは「**気持ち切り替えの練習**」です。

ご自愛の練習

このワークは、呪いの言葉に囚われて、気持ちが落ち込んでしまった時に自分自身を労《いた》わり、心を癒す手助けをしてくれます。嫌なことがあった直後や、自分を責めてしまった時など、呪いの言葉によって傷ついたと感じた時すぐに行います。できるだけ早めに対処して気持ちをリセットしましょう。

自分に優しい言葉をかけることで自己肯定感を取り戻し、不安で揺れた心をニュートラルな状態に戻していくことで、本来の自分を取り戻せます。外的な要因に左右されずにブレない力が養われていくはずです。では実際にやっていきましょう！

ノートやメモ、コピー用紙などなんでもいいので記入できるものを準備して次の要領で書いていきます。134ページからのワークシートも活用してみてください。

#1 つらいショックを受けた嫌な出来事を書き出す

嫌な出来事があった時どんなことがあって、どんな気持ちになったのか、思いのまま書けるだけ書いてみましょう。

例えば「今日のお見合いで全然会話が弾まなかった。私の話がつまらなかったのかもしれない。とても悲しい」などです。

#2 自分に語りかけるように優しく共感する言葉を書いていく

書き出した嫌な出来事、そこから発したネガティブな感情に対して、「そうだよね」という共感的な姿勢を示す優しい労りの言葉を書いていきます。こういった時、ともすればできていない自分を責めてしまいがちですが、まずは応急処置として自分自身に言い聞かせるように優しい言葉を書き出していくことを優先にします。

「たまたまじゃない？　そういう日もあるよね」といった感じで、気心知れた友達に話しかけるようなトーンをイメージすると書きやすいでしょう。

どんな言葉を書けばいいか浮かばない時は、以下のようなフレーズをヒントにしてみてください。しっくりくる言葉があればそれをそのまま転記してもＯＫです！

▽ **失敗や劣等感を感じた時は**

・この経験があったからこそ！　と思える日がくる

・そう思うのも、自然な感情だよ！　…ｅｔｃ.

▽ **孤独や困難な状況に陥った時は**

・大丈夫！　しんどいのは自分だけじゃない

・羨ましく思えるけど、きっとみんな、人それぞれの苦しみがある　…ｅｔｃ.

▽ **イライラしたり集中できない時は、**

・目の前のこと、一つずつ取り組めば大丈夫だよ
・全てが見えなくてもOK！　やっていくうちに見えてくる　…etc.

#3 自分を励ます一言を書く

最後に、自分を励ますポジティブな一言を書きます。自分のやってきた努力や前向きな姿勢を認めたうえで、次に向けて進むためのモチベーションを引き出します。「大丈夫。私はよく頑張ってる。次のお見合いはもっと自分らしさ全開で！」といった感じです。ご自愛ワードは映画や漫画のフレーズの中にいいお手本があります。意外とアリなのは、SNSのつぶやき。自分の心理状況と近しい言葉に出会えたら保存して参考に使います。占いの運勢もこういう文章が豊富に載っているので参考になります。

ちなみに「べき思考」が強くて自分に制限をかけちゃいがちな人におすすめの書き方は「〜してもいいんだよ」「〜するとOK」という許可のフレーズです。

ご自愛の練習

#1. つらくてショックだった出来事を書いてみましょう

Example. お見合い相手からもっと女性らしい服装が良いと
言われたのがショックだった。

#2. 共感する優しい言葉を書いてみましょう

Example. 自分らしい個性を出せてるのは素敵だよ。モテ
意識で個性を失ったら自分らしくなくなっちゃうよ。

#3. 前に進むために自分を励ます言葉を書いてみましょう

Example. もっと自分がときめく服を着て、より魅力的になればいい。
尊重し合える相手に出会うための良い学びになった。

気持ちを切り替える練習

このワークは、嫌なことがあって引きずってしまいそうな時や、気持ちの切り替えがうまくいかない時に特に効果的です。

呪いの言葉を感じ、嫌な気分になったらスルーしないで即対処！　が基本です。

このワークで嫌な気持ちを素早くリセットし、心の負担を軽くすることができます。また、他のことに夢中になることで、ネガティブな感情から一旦距離を置き、冷静さを取り戻すことができます。さらに、気持ちが落ち着いた後には、根本的な問題に対しても冷静に取り組むことができるようになります。

次に説明する「気持ち切り替え」のリストは、事前に用意しておくことが重要です。嫌なことがあってから、どんなことをして気分転換しようかと考えるのは案外思考に負荷がかかるものです。例えば、惰性でダラダラSNSを見続けるなど、適切じゃない方法を選んでしまい、かえって自己嫌悪に陥ることもあるでしょう。もっと他に有意義なことをするんだった……と後悔するかもしれません。だから、自分に合ったリセット方法を事前に作っておくことが大事なのです。

ノートやメモ、コピー用紙などなんでもいいので記入できるものを準備して次の要領で書いていきます。139ページからのワークシートも活用してみてください。

#1 ご機嫌になれるリフレッシュや気分転換になることを十六個書き出す。

あなたの気分が良くなること、気持ちがリフレッシュできることは何ですか？ 気分転換するためにやってみたい楽しいことを十六個書き出します。十六という数には特に意味はありません。それ以上浮かんだらもっとたくさん書いてもＯＫです！ むしろ数は多ければ多いほど効果的です。

場合によってはエクセルに百個書き出す人もいます。たくさん書くと、自分はこういうことをすればリフレッシュできるんだなという傾向を客観的に見て取れます。

最初は「十六個も思いつかないかも……」と思うかもしれませんが、心配いりません。書き始めると、意外といろいろなアイデアが浮かんできます。それでも難しいと感じたら、思い浮かんだ日に書いて少しずつ追加していけばＯＫです。リストはあくまで目安なので、最初から完璧に全部書かなくても大丈夫です。例えば「ネットフリックスを見る」だとしたら恋愛系のドラマで一つ、ホラー系の映画で一つ……のように具体化していくと数を増やせます。

なるべく具体的に書いたほうが何をして気分転換するかパッとイメージできて（ストレスで思考力が落ちた時でも）迷いにくいという利点もあります。リストは何を書いても自由ですが、もしさらに気持ち切り替え力を高めたいのであれば五感（見る、聞く、嗅ぐ、味わう、感じる）を刺激し、心地よく心が潤うような行動がおすすめです。映画を観たり（視覚）、音楽を聴いたり（聴覚）、コーヒーを味わったり（味覚）するのも良いですね。五感を満たす場所で個人的にいいなと思うのは自然のある場所です。神社や公園を散歩して深呼吸していると、だんだん嫌な気持ちが抜けていきます。

また、ある程度集中して没頭できる活動を選ぶと、より効果的に気持ちをリセットしやすくなります。

#2 つらいことがあった時に、その対応策として作成したリストを実行する

落ち込んでしまったり、リフレッシュが必要だと感じた時に、リストをチェックし

て、そのシチュエーションにあったものを実践してみましょう。その時の気分に合ったｔｏｄｏが何かしら見つかるはずです。これといった最適なものがなかったら、いくつか試してみて、自分に合った思考の切り替え方を見つけてください。リフレッシュや気分転換が必要なときに、手軽に切り替えができるようになります。

これは応用になりますが、カレンダーを見てストレスがかかる出来事やタスクが予め分かっている場合、それを乗り越えた後の「ご褒美」としてリストの中からやりたいことを予定しておくのもいいですね。

「ながら」でできる方法は、意識が横道に逸《そ》れやすいので上手に切り替えできないかもしれません。適度に集中して取り組めるものを選ぶといいでしょう。ポイントは没入感です。没入できるアクティビティは、余計なことを考えずにその瞬間に集中できるので、深い気分転換にぴったりです！　意外ですが部屋の掃除や片付けなどもいつの間にか夢中になれるのでいいですよ。私は音楽を聴きながらウォーキングするのが好きです。音楽の世界に浸って歩いていると、いつの間にか切り替わっています！

気持ちを切り替える練習用リスト

あなたがご機嫌になれる気分転換になることを書き出してみましょう。まずは16個！

Example. サウナ、神社を散歩、音楽を聴く…etc.

①

②

③

④

⑤

⑥

⑦

⑧

⑨

⑩

⑪

⑫

⑬

⑭

⑮

⑯

Step 2 疑問を持つ

このステップでは、「疑問を持つ」ことを通じて、自分の考えを再構築するプロセスを進めます。それまで無批判に受け入れていた呪いの言葉に対して、「それって本当？」と疑問を投げかけることで、自分にとって望ましい考え方に書き換えていくのです。言われたことをそのまま受け入れるのではなく、自分の価値観に合ったものを取捨選択し、主体的な意思決定を取り戻す行為です。

「自分で望んだわけじゃないのに、知らずに決断や責任を押し付けられていた」

そんな経験はありませんか？

例えば、本当は自分がコーヒーを飲みたいのに、「そろそろコーヒー飲む？」とまるで相手が飲みたがっているかのように促してくる人の誘いに乗ってしまった場合。これの何が問題かというと、相手の誘導に「決める力」を奪われているからです。相手の要求に誘導されていると知らず、気づかないうちに呪いをかけられていきます。

他人を操作する人は、自分の望みを叶えるために、相手をさりげなく誘導することがあります。こういう時、特に空気を読んで動いてくれるタイプの人が標的にされます。

相手のことを無批判に受け入れていると、知らず知らずのうちにこうした状況に陥ります。一瞬「なんか違う」と違和感を感じても、「まいっか」とスルーしてしまうことはありませんか？　空気を読んで条件反射的に相手に忖度していると、後になってモヤモヤが残ります。この状態を放っておくと、受動的な行動が増え、自己決定力が低下してしまいます。

モヤモヤを感じた時、まずは相手から言われたことに対して「本当にそうかな？」と一度立ち止まって疑ってみましょう。これだけでも、かなり違いが出るはずです。盲点から抜け出し、冷静に考えるきっかけになります。

ちなみに自己決定力が高い人は幸福度も高いことが研究によって明らかになっています。自己決定力とは、自分で主体的に選択する力のことです。すなわち、相手が言ったことを鵜呑みにせず「ちょっと待てよ？」と疑問を持つことは、主体的に自己決定できるための重要な分岐点に立つことだと言えます。

参考：独立行政法人経済産業研究所「幸福感と自己決定―日本における実証研究」
https://www.rieti.go.jp/jp/publications/rd/126.html

そこで、疑問を持つ練習がとても効果的なんです！ 例えば、目標達成を支援するコミュニケーション技法の一つである「コーチング」は、疑問を持ち、視点を広げる練習に最適で、ビジネスシーンにおいても人気があります。コーチングを受けることで、自分の考えを整理し、目標達成に向けた行動を計画的に進められるようになるといった効果が期待できます。

また、自分では気づけなかった問題点や盲点にも気づきやすくなります。しかし、コーチを探す手間や費用がかかるため、利用できる人は限られてしまうかもしれません。

そこで！ 今回ご紹介するのが、こうしたセルフコーチング的なことを自分一人でサクッとできるワークです。

一つは**「呪いを笑いに変換する練習」**、

もう一つは**「モヤモヤ、イライラから抜け出す練習」**です。

呪いを笑いに変換する練習

呪いは、あまり深刻に捉えすぎると病みます……。相手がポロッと言っただけかもしれない呪いを真に受けて悩むのをどうにかしたい。そんな時に、このワークが役立ちます。

呪いの言葉を頭の中で面白おかしく書き換え、嫌な気分をリセットできるのがこのワークです。例えば、誰かに傷つく言葉を言われた時、脳内でおもしろおかしく変換できれば、そこまで深刻に受け止めずに済みます。嫌なことがあって一瞬へこんだとしても平常心に早く戻ることができるようになるのです。

では、早速ワークを紹介していきます！ 147ページのワークシートをご覧ください。こちらを使って以下の要領で書き込んでいきましょう。

#1 まずは呪いの言葉を書く

ワークシート上の「呪いの言葉」の吹き出しに、相手から言われてモヤモヤした呪いの言葉を書きます。善意に見えるけど心に引っかかる言葉などもあります。少しでもモヤモヤした言葉はなんでもいいので書き出してみましょう。

例えば、近所の人に言われた「小さいうちから預けて働くなんて、子どもがかわいそう」とか、会社の上司に言われた「仕事のできないヤツはいらない」……なんでもかまいません。最初のうちは、ちょっと書きづらいかもしれませんが、そこはトレーニングと思ってぐっと堪《こら》えて書き出してみましょう。

#2 次に呪いの言葉を肯定的な内容に変換した言葉を書く

ワークシート下の「笑いの返し」の吹き出しに、言われてモヤモヤした言葉をポジティに変換した言葉を書いてみます。

右の呪いの言葉の例でいうと、「小さいうちから預けて働くなんて、子どもがかわいそう」は「小さい頃から預けて、おかげさまでたくましい子に育てられますｗ」に、「仕事のできないヤツはいらない」は「仕事を質ではなくて量で評価しちゃってるんですねｗ」に頭の中で切り替えてしまうのです！

ここはできるだけ遊び心を持って、ユーモアを意識して書いてみましょう。

次に吹き出しの中に書いた内容を読んでみます。読んでみて、何か少しでも気持ちが軽やかになるような変化があれば浄化は効いています。「スカッとした」とか「どうでもよくなった」など、そこまで相手の言った言葉を深刻に受け止めなくてもいいんだ、と思えるようになるのが理想です。

でも、そう簡単にいい言葉が浮かばないこともありますよね。そんな時は、人の力を借りるのも一つの手です。例えばですが「心の中にマツコを飼う」作戦です。「マツコ・デラックスさんだったら、こんな時どう言い返す？」って考えてみるんです。そうすると、ぴったりの返しワードが閃《ひらめ》くようになります！

「呪いを笑いに変換する練習」のワークは、呪いの言葉を笑い飛ばしたり、他の人の名言を引用したりして、普段の自分を広げるためにピッタリな方法です。

マスターすれば、もう呪いの言葉を真剣に受け止めることはなくなります。ユーモアを交えて、さっぱりした気持ちで対応できるようになるでしょう。もしかすると、昭和のおやじギャグも、心を軽やかに維持するための秘訣だったのかもしれませんね（笑）。

強制収容所での体験を記したヴィクトール・E・フランクルの『夜と霧』（池田香代子訳・みすず書房）には、「ユーモアも自分を見失わないための魂の武器だ」と書かれています。フランクルは毎日一つ、クスッと笑える話を披露し合うことを提案し、過酷な状況でも心の自由を守ったそうです。笑いは心を守る武器ですね。

いつの日か、相手の吐いた呪いの言葉をさも神妙な面持ちで聞くフリして、心の中では脳内でスカッと笑い飛ばしている……、それぐらい余裕に対処できたらいいですね。ワークを駆使して「笑う門に福来る」のメンタルでいきましょう！

呪いを笑いに変換する練習

相手から言われた呪いの言葉を、肯定的な“返し”のフレーズにおもしろおかしく脳内で変換してみましょう。

Example

呪いの言葉

嫌われたくないなら
空気読んで我慢しろ

笑いの返し

無情な他人の空気より
自分の心を読めるように努力します

呪いの言葉

笑いの返し

モヤモヤ、イライラから脱け出す練習

モヤモヤしたりイライラしたり、なんらかの呪いはある。だけど何が原因なのか分からない。分からないから引きずってしまう。ユーモアでも吹き飛ばせない。という時におすすめのワークです。自問自答していくことで自分の感情や状況を整理し、対処方法を見つけモヤモヤ、イライラを解消するために有効な方法です。

感情の原因やその反応を理解し、冷静に対処することで、自分にとって必要な視点を選び取ることができ、より建設的な解決策を見つけやすくなります。では、ワークをやっていきましょう！ 153ページのワークシートも活用してみてください。

#1 モヤモヤやイライラしたことを書き出す

まず自分が感じたままに、どんな感情を抱いているのか、どんな感情や痛みを味わったのかも含めて具体的に書き出します。またその感情がどこから来ているのか、感情に対して自分はどう反応しているのか確認します。

心の痛みや感情をそのまま書き出すことで、自分の気持ちに向き合い頭の中の「ぐるぐる思考」が整理され、心の負担が軽くなります。

例えばイライラした感情に対して「お見合いで会った相手が全然話を聞いてくれなかった。自分には興味がないのかもと感じてしまって、イライラした」というように、心の中にある気持ちを吐き出してください。

#2 出来事に対し、別の視点を導く「問い」を書き出す

次に#1で書き出した出来事に対して、別の角度から疑問を投げかけ、モヤモヤやイライラした感情をどうにかするための選択肢を考えてみます。

例えば、「それって本当にそう？」や「彼が話を聞いてくれなかったのは、本当に私に興味がなかったから？」といった問いを自分に投げてみましょう。まだ書き足りないと感じたら、さらに深く掘り下げてみてください。例えば、「何が私をそこまで不安にさせているの？」、「自分に自信がないからこう感じたのかも？」などと問いかけてみてください。

「問い」が浮かばない時は、以下を参考にしてみてください。

それって、本当にそう？

その情報の根拠は？

絶対にもう可能性は1％もないの？

もし別の方法、視点があるとすれば？

◯◯さんだったら、こんな時どうする？

この感情をどうにかするためには、他にどんな選択肢がある？　…ｅｔｃ.

「問い」を書くことで、思い込みや固定観念に疑問を持ち、それを再評価する機会を得られます。新しい視点を得るための重要なプロセスです。

「問い」が浮かばない場合は、他の人がどう考えるかを想像してみたり、リストアップした質問例を参考にしてみてください。無理に思い浮かべようとせず、時間をおいてから取り組むのも一つの方法です。

#3 問いに対して気づいたことや学びを書く

最後に#2で投げかけた「問い」に対する答えや新しい視点を書いてみましょう。

例えば、「相手が話を聞いてくれなかったのは、単にその日の調子が悪かったのかもしれない。それに私の話し方にも改善点があるかも」といったことを書いてみます。また、「今回のことで、次回はもっと自分から話題を振ってみよう」といった前向きな学びや気づきをまとめると、モヤモヤから脱け出しやすく、新しい視点やヒントが得られるはずです。問いに対する答えや新しい視点が全く浮かばない場合、まずは感情と問いだけを書いてみてください。時間をおいてから再び考えると、新しい視点が浮かんでくることがあります。焦らず、自分のペースで進めましょう。

婚活中のお客様が、このワークを試してみたところ気持ちが軽くなった！　と教えてくれたのでエピソードをシェアします。

「好きな芸能人が立て続けにかなり年下の女性と結婚したことがすごいショックでした。そこでモヤモヤ、イライラから脱け出す練習を試してみました。すると、『男性は若い女性が好き』という固定観念（呪い）が自分の中にあることに気づきました。

確かに私は年を重ねましたが、自分だけにしかないストーリーがあるとを思い直し、そのモヤモヤから脱出できました。呪いをつぶせたことが良かったです！」

モヤモヤの背景にある呪いに辿り着けるだけでも鋭い洞察力の賜物《たまもの》ですが、呪いに対して上書きしたい価値観（欲）を明確にできたなんて、大収穫ですね。お客様が丁寧に自分と向き合い、対話を重ねたことに私は感動しました。

いかがでしょうか。ワークに取り組むことで、徐々に呪いが解かれていくのを感じませんか？　本来のあなたが望む思いが取り戻されていき、心が軽くなっていくのを感じられたのではないでしょうか。少しでも変化を感じられることができたら、ワークの効果が出てきている証です。では、続けていきましょう。

モヤモヤ、イライラから脱け出す練習

#1. モヤモヤしたり、イライラしたことを書いてみましょう

Example お見合い相手が全然話を聞いてくれなかった。
自分に興味が無いのかもと感じイライラした。

#2. モヤモヤ、イライラの状況から脱け出すための別の見方を導く問いを書いてみましょう

Example 話を聞いてくれなかったのは、本当に私に興味がなかったから？

#3. #2.の問いから生まれた気づき、考え方、行動を書いてみましょう

Example 相手が話を聞いてくれなかったのは、単にその日の調子が悪かったのかもしれない。私の話し方にも改善点があるのかも。
次回はもっと自分から話題を振ってみよう。

誠司、なんだかいい顔になってきたな
あ、ありがとう
世界は変えられなくても自分は変われる
自分が変われば見える世界も変わってくるよ
そっか…でも…。
呪いにかかってたことには気づいたけど…
呪いが解けたところで俺には何の才能もないし…
本当にそうかな？
誠司は、誰にも負けない強さを持ってるじゃない！
誰にも負けない強さ？
まっすぐな真面目さと誠実さ
その強さを、あなたは持ってるじゃない！
バァーン
真面目さと…誠実さ…？
そうダーっ！
ドーン
指さすな…

Step 3 本来の自分自身を取り戻す

いよいよワークも最終段階です。このステップでは、感じていることや考えを紙に書き出すことで、じっくりと自分自身と向き合います。そうすることで、偽らざる心の声をはっきりさせ、自分自身に本来備わっている魅力や才能を浮かび上がらせ、力を取り戻します。

呪いによって抑え込まれていた気持ちを解放し、自分の欲求をしっかりと感じ取って表現できるようになることが目標です。最終的には、自分の意思や感情を尊重して他者と対等な関係を築きながら、自分らしく生きることを目指します。

本当はやりたくないのに、つい自己犠牲で行動してしまうことってありませんか？例えば、仕事で疲れてヘトヘトなのに「良い母親として、家族のために栄養のある食事を作るべき」と頑張って用意する……みたいな。自己犠牲する人は「相手のため、自分は〇〇すべきだ」と思いがちなところがあります。

無理してでも自己犠牲して相手に尽くせば「自分は必要とされているんだ」といった報酬を期待できます。そうやって自分の願望より相手を優先させ、我慢に我慢を重ねていると、我慢しないで自由にのびのびと生きている人に対して劣等感や怒りを抱くこともあるんです（私自身も経験しました）。

そして人の期待に応えているうちに、自分が何をしたいのか、本当はどう感じているのかさえ、分からなくなっていくのです。

自分の本音を抑え込んでしまうと、次第に自分自身で自分に呪いをかけてしまうようになります。そして、「あの人に～された」という愚痴が増えていくのです。

そういう時は人から「こうしてみたら？」とアドバイスされても「でも～」「やっぱり～だし」と堂々巡りします。本当は、どんな理不尽な状況に陥ったとしても、「自分自身でどうするかを選択できる」という視点が抜け落ちている状態です。ありのままの自分で生きていきたいけれど、世間がそれを許さないと感じて、周囲の期待を忖度して仕方なく行動してきてしまったのかもしれません。それがいつのまにか自己犠牲的な呪いに転じていったのではないでしょうか。

この状況を断ち切るには、「私はこうしたい」というベースでの願望形成が必要です。

自分の願望が明確になると、呪いの言葉を言われても、ブレにくくなります。自分のペース配分を大事にできるようになります。他人ありきの優先順位ではなく、自分主体となった選択をできるようになるので人生に「コントロール感」を取り戻せます。

それによってやる気や意欲が芽生えてきます。自分が何を選びたいのか、自分の本当の気持ちを素直に感じ取り、表現する練習、呪いを解く最終段階の方法として、最後に紹介するのが、**「自由気ままに書き出す練習」**です。このワークは一般的に、ジャーナリングと言われる手法です。

ジャーナリングとは自分の考えや感情を自由気ままに書き出すことで、内面を整理し自己理解を深める方法です。手書きのノートやデジタルデバイスを用いて、思いを徒然《つれづれ》なるままに書き出していくことで、日々の思考や目標を整理していきます。

私は、手書きをおすすめします。研究によれば、手書きによって脳のRAS（脳幹網様体賦活系《もうようたいふかっけい》）が活性化され、注意力や情報収集能力が高まることが確認されています。また、手書きの方が記憶の定着や成績向上、アイディアのひらめきに効果的であることも示されています。ただし、急ぎの場合やメモにはデジタルデバイスも便利なので状況に応じて使い分けるといいでしょう。

それによって、本来の自分を正しく理解し、本当に自分が望むことの目標達成を可能にしていきます。

このワークは、自分の感じたことに蓋をする癖や、自分より相手のことを優先してしまう、といった自分に気づくのにおすすめです。

宅配便が届いたらどうしますか？　ハサミやナイフを使って開けますよね。何日も宅配便を開けないまま、ずっと部屋に放置しっぱなしにするなんてことはありますか。

それが、自分の感情や思いを抑圧してしまう人の状態なんです。常に相手を優先してしまうため、どうしても自分の感情が後回しになるのです。

正直、相手のために動き正解を他人任せにできたほうがラクということもあるかもしれません。なので、自分が望むことが不明瞭なうちは何を書けばいいの？　と感じることが多く、少しキツイと感じるかもしれません。しかし、だんだん抑圧された感情が出てくるようになってくると面白い発見があります。

いわば、開けていない宅配便を一つずつ開封し閉じ込められた想いを開封していく作業です。中に何が入っているのかを知ったら驚きや発見があるかもしれませんよ！

こんな自分がいたんだってことに。

このワークを続けると抑圧されていた自分の本音や感情を他人の目を気にせずに自由に表現できるようになります。自分自身と向き合い、心の中にある思いを紙に書き出すことで、ストレスや不安を軽減する効果があります。

婚活の講座でこのワークをやっていると、皆さんがどんどん夢中になって書いている様子が伝わってきます。ページが足りなくなって裏に書く人もいるほどです(笑)。

抑圧がほどけていくと勢いが止まらないのですね!

さらに続けていくことで、コミュニケーション力も向上していく人が少なくありません。「言いたいことを的確に伝えられるようになったおかげで、苦手だった上司ともスムーズにコミュニケーションが取れるようになりました!」といったお客様の声を実際によく聞きます。

他にもジャーナリングを2週間実施したお客様の声をご紹介します。

「嫌なことがあっても翌日前を向いて過ごせた。書くことでスッキリし、気持ちを切り替えられた」、「人に振り回されたくないと思いながら実は自分で選んでいることに気づきました! 陥りがちなパターンに気づき回避できるようになりました!」、「モヤモヤが怖くなくなりました! 隠さずに本音を言えるようになりました!」などなど、多くの方がその効果を実感しています。

個人的に、このメソッドの最大のメリットの一つには、その適応範囲の広さがあると感じています。どういうことかと言うと、ジャーナリングはストレスケアと自己実現の両方を期待できるからです。

筆記療法の研究では、主にストレスの軽減やトラウマの緩和といった、マイナスをゼロに戻すことを目的としたカウンセリング的な効果が注目されがちです。しかし、ジャーナリングには自己実現を目指す要素も十分に期待できると感じています。

自分の内側で感じていること、思っていることに気づくことで、本来の自分らしさに気づき、それに基づいて積極的に行動するようになると、自己実現が可能になっていく。つまり、マイナスをゼロにする「セルフカウンセリング」と、ゼロをプラスに引き上げる「セルフコーチング」の両方を満たすことができるのが、ジャーナリングの素晴らしいところだと思います。「洗顔後のお肌に、コレ一本！」みたいな、オールインワンなところが気に入っています（笑）。

では、早速やってみましょう！　と言いたいところですが、その前に自由気ままに書き出す練習に欠かせない3つの必要なアイテムをご紹介します。

もちろん、いきなり書いてもいいのですが、これらの準備を整えると、さらに自由気まま効果を高めることが期待できます！

❶《アイテム》お気に入りのノート

おすすめはB6判サイズのノートです。大きすぎると書くのがプレッシャーになることがあるので、小さめがいいですね。表紙や罫線の色、紙の手触りにもこだわって、自分が使いたいと思う一冊を選んでください。私は個人的に、横罫よりも方眼タイプのノートを好んで使っています。

❷《アイテム》お気に入りの筆記用具

お気に入りのペンを選びましょう。ただし、裏写りしないものを選ぶのがポイントです。インクがにじむと次の日にテンションが下がっちゃいますからね。書き味のいいペンで書くと、病みつきになりますよ(笑)。私はドイツ製の子ども向け万年筆を愛用しています。

❸《アイテム》マインドセット

感じたことをそのまま書く心の準備です。「何を書いてもOK」と自分に許可を与えてください。ネガティブな感情も、ポジティブな感情も自然な反応です。誰に見せるわけでもないので、自由に書きましょう。

呪いを解き、本来の自分を取り戻すための大切なプラットフォームですから、準備にはとことんこだわってみましょう！　私自身は特に文具マニアではありませんが、自分にしっくり馴染む文具にこだわることでジャーナリングへのモチベーションが俄然上がりました。時間があって揃えられそうだったらぜひ探してみてください。

これで必要な準備が整いました。さぁ、始めましょう！

#1 書く時間を決める

準備が整ったら書く時間を決めます。ジャーナリングを習慣化するためには、書く時間を決めることが重要です。いつ書いても自由ですが、私は朝に書く派です。創造的なことや未来について書く時は、朝が向いていると感じます。感情をゆっくり紐解く時は夜がいいかもしれませんが、夜は眠くて寝てしまうことが多いです（笑）。

朝に書くことで、その日の計画や気持ちを整えることができ、夜に書くことで、その日の出来事や感情を振り返ることができます。自分のライフスタイルに合わせた時間帯を選ぶと良いでしょう。

取り組む時間の設定は五分間がおすすめです。集中して取り組むのにちょうど良い時間です。

講座でも五分間と決めて実施するのですが、お客様の没入具合がすごくて、五分で止めたら申し訳ない気がして、一分、あと二分と延長することもあります（笑）。

お客様には「もう五分以上？　あっという間……！」と驚かれます。

まず、スマホの時計機能を使ってタイマーを五分にセットします。慣れてくると時計がなくても書けるのですが、この時間は自分自身と対話することだけに使う、と決めて書くためにもタイマーをセットしておきましょう。五分間は、手を止めずに書き続けます。途中で何を書こうか迷ったら、その迷いもそのまま書き込んでみてください。例えば、「あぁ、何書こうかな」とか「お腹空いたな」とか、どんなことでも構いません。そんな分かりきったこと、なぜわざわざ書くの？　と思うかもしれません。

なんてことないことを書いてもいいんだと自分に許可すると、偽らざる本音の自分と対話しやすくなります。

#2 問いを出す

次に書くためのテーマを決め、問いを自分に投げかけます。

感情の整理をするために、その日の感情や出来事について書くのもよし。短期・長期の目標を設定し、それに向けた進捗を書くのも良いでしょう。ありがたい出来事や誰かへの感謝の気持ちを綴るのもいいかもしれません。

問いと言っても必ずしも疑問形でなくても大丈夫です。例えば、「今、とてもモヤモヤしている。なぜならば～」とか、「私はいつもいい子を演じてしまい、自分を出せずにいる。なぜかというと～」といった書き出しでもOKです。

問いを出す力は、物事の本質を見極めたり、新しい視点を見つけるのに重要です。問いを考えることで、状況や問題を深く鋭く見つめることができるようになります。

#3 設定した「問い」について自由に書く

感じたことをそのまま書き始めます。決して誰にも見せない文章なので安心してください。感じたままを書き出すことがポイントです。例えネガティブな感情が出ても全然問題ありません。ジャーナリングは英語では「Expressive writing」と呼ばれています。「Expressive」は「表現力豊かな」「感情をよく表す」という意味で、内面の感情や考えを表現することを指しています。「こんなの書いちゃダメ！」と条件付けせず、心に浮かんだことを自由に書くことが大事です。

私自身も、これまでたくさんの「こんなの書いちゃダメ！」を書いてきました。死後、ノートを見られたら気まずいので何年かごとにノートは破棄しています（笑）。どれも大切な自分の声なので、正しさを気にするより、感じたままを書くことにだけ意識を集中してください。

#4 書き終えたら読み返す

そして書き終わったら、読み返してみましょう。驚くことに、自分が書いたことでも読み返すと新たな発見があるものです。「こんなことを考えていたんだ」と気づいたり、不安や恐怖でいっぱいの時も、書いたものを客観的に見つめることで「なんとかなる気がする！」と落ち着きを取り戻せることがあります。

通常、自分自身で自分の思考を俯瞰してたどるのは難しいですが、書き出すことでそれが容易になります。気になる部分に線を引き、気づいたことを横にメモしておくのも効果的です。また一ヶ月後、一年後、時間を置いて読むのも自分の思考の軌跡や成長を感じられて励みになります。

それから「毎日じゃないとダメですか？」と、よく聞かれますが毎日書けなくても大丈夫です。気が向いた時に、ゆるく楽しんで書けばＯＫですよ！

「毎日書かなきゃ」という呪いは一体どこから来るのでしょう。小学校の夏休みの日記の宿題か何かが影響しているのですかね。私は三十年以上書いていますが「続けなくては」と思ったことは一度もありません。書こうと思った気分の時に書いて、書くたびにおもしろい気づきが得られて、気がつけばこんなに続いていたという具合です。

自由気ままに書き出す練習　～入門編～

いきなり自分でテーマを考えるのは難しいと感じる人もいるかもしれません。それで書くことに挫折してしまうのはもったいない。

そこで参考になる問いをご用意しました。書きたいテーマが浮かばなかったら、まずは問いリストの中から好きなものを選んで、お気に入りのノートに書き込んでみてください。

そして、その問いへのアンサーを自由気ままに書き出していってみましょう。自分が興味ある書きやすい問いを選ぶのがおすすめです。169ページのワークシートも活用してみましょう。

【おすすめの問い】

問いやテーマに迷った場合、この中から好きなものを選んでくださいね。

・これまで最も自分を成長させた経験は？
・理想の一日のタイムスケジュールは？
・過去の自分へ感謝の言葉を伝えるとしたら？
・時間があったらじっくり学んびたいことは？
・十年後の自分から今の自分にかけたい言葉は？
・過去の辛い出来事や失敗から糧になったことは？
・三年間働かずに暮らせるお金があれば何をする？
・これまでの人生で最も良い影響を受けた経験は？
・ここ最近、気になっていることは？
・最近、自分の中で変わったと思うことは？
・最近、自分を誇りに思ったことは？
・苦手意識があって先延ばししていることは？
・今年こそ、手放したいことは？
・生活を完全リセットできるとしたら何を変える？
・今月チャレンジしてみたいことは？……etc.

私は毎年十二月の終わりに「今年の重大ニュースTOP3！」を書いています。これで一年を手軽に振り返ることができるんです。また、現状維持の壁が手強いと感じた時には「苦手意識があって先延ばししていること。それは……」というテーマで書き出し、課題を明らかにしています。モヤモヤしているけれど原因が分からない時は「ここ最近すごく気になっていること」で深掘りしてみることもあります。

自由気ままに書き出す練習 ～入門編～

「おすすめの問い」リストから選んだ好きなものや、
日常思いつく書きやすいことをテーマに
思いつくままに自由気ままに書いてみましょう。

Example
・今月のうちにチャレンジしてみたいことは何？
・10年後の自分から今の私へかけてあげたい言葉は？
・ここ最近すごく気になっていることは何？

テーマ
「　　　　　　　　　　　　　　　　」

自由気ままに書き出す練習　～応用編～

入門編で紹介した既存の決められたテーマを書き続けていくことで、自分の内面に意識が向き、奥底に閉じ込めていた声が明らかになってきます。すると本当に重要なこと（願望）に自然と意識が向くようになります。欲がハッキリしてくると、いつの間にかやりたいことが書き出せるようになっていたりします。

その露《あら》わになってきた自身の願望をワークのテーマに掲げ、「自由気ままに」思いつくことを書き出していってみましょう。

うまくいく未来を、臨場感漂う感情とセットで設定することで、目標達成に導きます！　175ページのワークシートも活用してみてくださいね。

#1 達成したい願望、具体的な目標やゴールを書く

#1に自身の達成したい状況を書くのですが、既に達成したこととして書き出します。目標を達成した時の気持ちやシチュエーションをまさに今、味わい経験したかのよ

うな気持ちになって、そして十分にいい気分になってから書き始めます。

リアリティを持たせるため、達成できた状態で書くことが重要です。「できたらいいな」、「やりたい」ではなく「できた」、「うまくいった」など完了形で書くようにしてください。というのも、人は不安を感じると無意識のうちに自己制限をかけ、現状維持にとどまろうとするのでゴールのほうにリアルな臨場感を持たせることが重要です。目標を達成した時の喜びや達成感を先取りして味わうこと、ゴールを達成した状態を詳細にイメージしてワクワクしたり、達成した時に言われたい言葉やシーンを映画のように思い描いたり、思い浮かべるだけでニヤけてしまうほど、その状態に浸ってしまいましょう！

「ずっと言えずにいたことを彼に素直に伝えることができた。意外とあっさり受け入れてくれた。勇気を出した自分を褒め称えたい！」、「企画書を無事に提出できた。今日のハイボールは何倍もおいしい！」みたいな感じでOKです。

できあがったら、書いたものを読み直してみましょう。思わずニヤけてしまうような嬉しさが込み上げてきたら、上出来です！　非常に自己暗示効果が高いということなので、現実を変える力が働きます。

#2 結果に近づくための状態、マインド、心がけを書く

#1を達成するために、何を心がけますか？

先ほど書いた達成したいことに近づくために意識したい心掛けを#2に書きます。

一歩踏み出すことに勇気が必要な場合、心の支え、お守りになってくれるような言葉をチョイスできるといいですね。

「正しさにこだわり過ぎるより楽しむことが大事！」とか、「全体が見えなくても動く。そうすると見えてくる」とか、「早くつまずいて、早くコツを掴もう」などなど。自分が少しでもパワフルになれるような言葉なら何を書いてもOKです。自分の尊敬する人だったらここは何て言うかな？　と、その人になりきって書くのもいいでしょう。迷いを払拭して自分を前に推し進めてくれるパワーのある言葉を書くのがポイントです。自分を鼓舞する気持ちを込めて書きましょう。

ヴィクトール・E・フランクルの著書『夜と霧』によると、苦しみから逃れることだけを目指すのではなく、未来に目的を持つことが心理学的に有効な手段だと述べられています。未来の中に心の拠《よ》り所を持つということになりますね。

フランクルは、収容所の中で「収容所の心理学」というテーマで大勢の人々の前で講演をする未来をイメージしたそうです。その瞬間、彼は現在の苦しみを客観的に捉え、距離を置くことができたと語っています。今、どんなに苦しい状況に置かれていたとしても未来の自分を信じ、目的を持つことが生きる動機にどれほど影響を与えるかという重要な教訓を、私たちに伝えてくれていると言えるでしょう。

#3 結果に近づくための行動を書く

#1を達成するために、何をしますか？　ここはもう、通常の仕事でのタスク管理とほぼ同じ要領ですね。得たいゴールから逆算して今できることを思いつくまま#3に書きます。

少しでも達成したいことに近づくために、今できることはなんだろう？　と思いを巡らせて、現時点でのできることをなるべく具体的に書きます。

「どうせ今の自分にはできっこない」と自己否定モードでいると、出てきにくいです。「今できることはなんだろう？」と今のこの時点の自分にもできることが必ずあると信じて、できる範囲での行動を考えてみましょう。「テキスト一ページ目を読む」、「企画書のタイトルだけ考える」など、どんな小さな一歩でも大丈夫です。

どうしても叶えたい目標は同じ文章を毎日繰り返し書くのがオススメです。描いた目標を自分自身に深く定着させるためです。

これは私の例ですが、就職活動中に自己流で内定を勝ち取るために「おめでとうございます！　内定です！」と採用担当者から電話がかかってきて、喜んでいるシーンをおよそ一ヶ月間ノートに書き続けていました。

最初は目標を書いていてもどこか半信半疑で「本当に自分は第一志望の会社に入れるんだろうか」と不安が頭をもたげてくることもありました。しかしそれでも毎日書き続けていると「もしかして、内定もらえるかも!?」、「いやいや絶対に通るでしょ！」と疑念が確信に変わっていきました。

その環境に徐々に慣れていくことを「順化」と言います。同じことを繰り返しノートに書くことでこの作用が起きているのでしょう。

言葉は呪いにもなれば、祝いに変える力にもなります。今、叶えたい夢があるなら、ぜひこの方法を試してみてください。

自由気ままに書き出す練習 ～応用編～

#1. 達成したい願望、目標、ゴールを書き出してみましょう

Example
自分らしさを大事にしながらお見合いをリラックスして楽しめた！　相手の反応は気にせず、自然体で過ごせた！　嫌われないように不安に思うのはやめてリラックスして過ごせた。今日は最高の一日になった。うれしい！

Example
婚活をしていることを忘れて、良い飲み友達ができたらラッキーぐらいの軽いノリでいこう。

#2. 目標を達成するための心がけはどんなこと？書き出してみましょう。

Example
自分らしさを出せる服を選ぶ。自分らしい服を着て、気持ちよくお見合いに臨む。

#3. 目標を達成するための行動は何をする？書き出してみましょう。

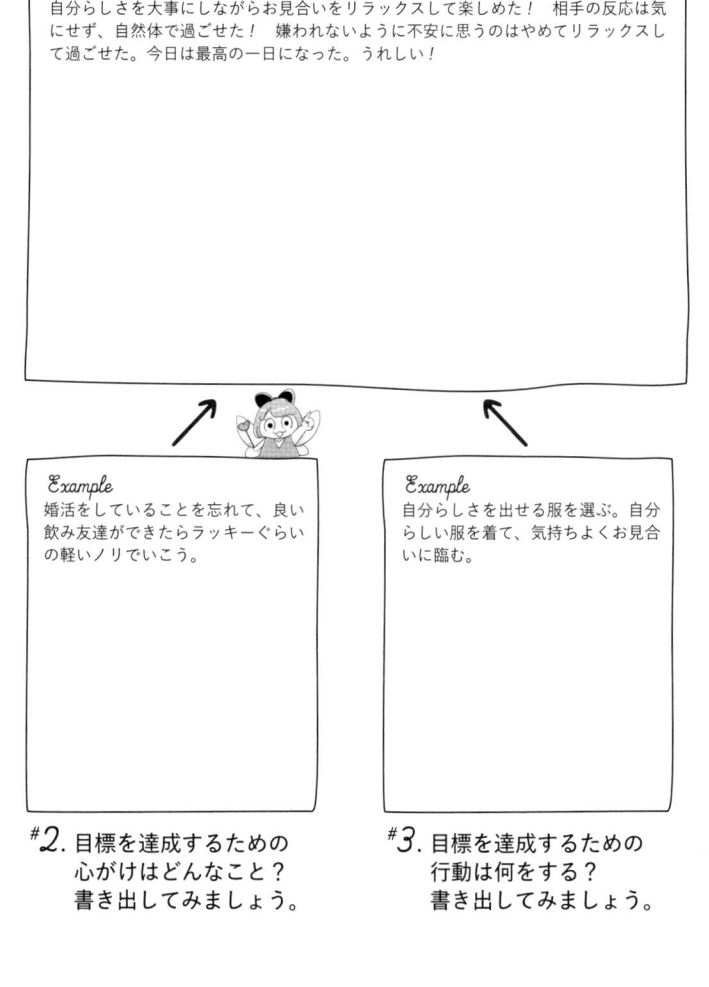

これらのワークを続けていった暁には、きっと、あなたは「昭和な呪い」から解き放たれているはずです。

実際、これらのワークに取り組み「他人軸ではなく、自分軸」、「自分の人生、自分で選択する」という意識が芽生え、婚活や結婚に対する考え方はもちろん、人生や仕事に対する考え方が大きく変わり、お一人様の人生を脱して、自然体でいれて居心地がよいパートナーと出会い順調な交際を育んでいるというご報告をくださったお客様もいらっしゃいます。

あなたが生きづらさを感じていた心の奥底に秘められたものが何か分かりましたか。

そして、本来のあなたの魅力、強さ、才能に改めて気づくことはできましたか？

もう大丈夫！　あなた自身を信じて行動してみましょう！　きっと今まで思いもよらなかった素晴らしい未来が、あなたを待っているはずです。

この前の企画会議の件、もう一度ご相談させてください！
おいおい。何言ってんだよ…。今更調子にのるなよ！
お待ちなさい。話だけでも聞きましょう
ありがとうございます！
わかったわ
あなたのプランでいきましょう！
ありがとうございます！

♪
澄ちゃん
なんだか
ご機嫌だね。
アゲアゲ↑
美々ちゃん！
えへへw
分かる？
美々ちゃんに
言われた通りに
日記書いてたら
自分がやりたかったこと
思い出したの…
私、みんなが
楽しく働ける職場を
作っていきたい…
いつまでも過去を悔やん
でもしょうがないの！
生きられるのは今！
今だけなの！
うん！ありがとう
美々ちゃん！
やるっきゃない！
チュン
チチチ…

!!!
清井さま
お疲れ様です。
休職していた山田です。
清井さんのおかげで
無事に仕事に
復帰しました…
ありがとうございます。
あ 商品開発部の
鈴木さん
おはようございます
清井さん
おはよ
辞めないで産休
取ることにしたの
あなたの
アドバイスの
おかげよ
ありがとう！
!!!
販売部に異動した本田が
最近楽しそうにやってるな。
清井さんが話を聞いてくれた
おかげだって感謝してたぞ
ほんとですか！
澄子やるじゃない！
尊敬するわ！
うんうん
社長
えへへ
そんな
照れる…。
ありがと
あははは…
バチッ

あとがき

「頭では理解しているつもりです。でも……」

呪いを放置してしまう時に言いがちなフレーズです。放置するのは決して「怠け者だから」とか「意志が弱い」というわけではありません。

信じている価値観や観念のことを「ビリーフ」と呼びますが、心の奥深くにあるためなかなか気づけず、それが原因で呪いを放置してしまうことがあります。

幸せは、苦労や我慢した後じゃないと得られないと信じている。

ビリーフは、心の無意識下にあるため自分自身で探すのはとても難しいものです。それに加えて、ビリーフを探すことに囚われると「問題を解決しないと動けない」という新たな呪いを招く可能性があります。

こんな時、「問題があっても前に進む」という考え方が有効です。

「キャリーオーバー」という言葉を聞いたことがありますか？　宝くじで当選者が出

ない場合、賞金が繰り越されるイメージをお持ちではないでしょうか。実は航空業界でもよく使われる言葉です。

飛行機の不具合があった場合、整備しないまま出発してしまうことがあります。完全に整備し終わるまで待っていたら、大幅に遅延します。そこで、安全運行に支障がない範囲においては、キャリーオーバーと言って、整備作業を先送りするのです。「問題を認識しているけれど、支障のない範囲で前に進む」という考え方です。問題があっても前進している過程で、ふとした瞬間にビリーフが見つかるかもしれません。そして、呪いが解け、解決に向かうこともあるでしょう。完璧な状態を待ってから動くのではなく、「今できることをやる」というスタンスをとるのです。

実は私も今回、キャリーオーバーを試し、たくさんの気づきが得られました。

というのもこの原稿を執筆している時、心が折れるような出来事が立て続けに起こりました。ここ十年で最もキツイ状況でした(笑)。

原稿を書いていると、その時の精神状態がモロに出てしまいます。しかも立ち止まりたいけどそんな時間はない……という状況でしたので、急ぎでニュートラルな状態に戻す必要がありました。そこで、この本の中で紹介した解呪術（ワーク）を片っ端からやってみたところ、気持ちを切り替えて原稿と向き合うことができたのです！

本書では、昭和の時代から続く「呪い」をどう解くかを書いてきましたが、私自身が思いもよらない大きな苦しみの中で、改めてその効果を実感することになりました。

嵐のように混乱していた心も、次第に静けさを取り戻していきました。

例えば、アイスクリームのひんやりした冷たさが、怒りで沸騰した心を少しずつ冷ましてくれる瞬間。神社の砂利の音に耳を澄ませば、嫌な言葉がかき消されている。雨が降る前の少し湿った夜風の匂いと鈴虫の音色に聞き入っていると、苦しい過去の記憶がいつの間にか片隅に追いやられている……というような感じで、一つ一つは些細なことですけど、確実に心が静まっていくのが感じられました。

当時は、深刻な問題のオンパレードでしたし、その過程で知らなかったビリーフに気づいて衝撃を受けることもありました。しかし芽生えた疑問や不安はノートに書いて整理する、というのを繰り返していたら暗いトンネルを抜け出すことができました。

自画自賛っぽく聞こえてしまうかもしれませんが、十年に一度の人生のピンチでさえも本書で紹介したメソッドにまさか自分が救われる形になるとは思いもしませんでした（笑）。だからこそ、呪いの言葉で生きづらさを感じている読者の皆様にとってもきっと役立つ内容になったのではないかなと思います。もう呪いに支配され続ける人生とはサヨナラです。

呪いの言葉を言われたその瞬間は落ち込むかもしれませんが、そこから顔を上げて、気持ちを切り替えて、ささやかではあるけれど目の前の心地いい時間に浸ってしまいましょう。そんなふうに粋に振る舞える自分に乾杯して……。

呪いの言葉や人生を揺るがすほどの大きな出来事に遭遇した時も、それをどう扱うかは自分自身で選び取ることができます。そう思える強さと自由が、あなたにはあるのです。この本が、生きづらさを解放し、可能性の翼を大きく広げてくれる一冊になることを願っています。

そして最後に、婚活中の多くの方にインタビューさせていただいたおかげで本文中にたくさんの実例を載せることができました。ご協力くださった皆様に厚く感謝を申し上げます。

真面目のプレゼン通りました！
おめでとう！あなた本来の実力ね
入社した頃の目の輝きを取り戻したわね！
清井さん
コンタクトにしたんですか？
そ、そうなの…。変かな？
めっちゃ素敵です！
ありがとう
今日は飲みじゃなくて清井おすすめのおされカフェにランチ行くか～
じゃあ、晴須部長のおごりで～
ランチは飲茶にしようと思ったけどやむちゃった！
なんちて！
社長

美々ちゃん！
ありがとう！
美々呼！
もう
大丈夫そうね
あたしも
楽しかった
じゃあ、
そろそろ
行かなくちゃ…
え！ 行っちゃうの！

ばいなら
パアア…

昭和な呪い、解お～けえたぁ～！

チュンチチチ…
ジリリリリ!!
いってくるね
ドーン!!

ご、ごめんなさい！
to be continued

著者プロフィール

松尾 知枝　婚活コンサルタント、株式会社インプレシャス 代表取締役

10歳から8年間、児童養護施設で暮らす。
つらい幼少期を経て、
自身で考案したメンタルエクササイズにより呪いを解き、
目標達成する面白さに目覚める。
新卒で日本航空に入社。CAとして国内線、国際線に乗務。
2011年より自身の経験と心理学をベースにした婚活支援を行う。
自己肯定感を高め、心から望むライフデザインを描きたい女性から
大きな支持を受ける。情報番組出演や東京都の婚活支援事業、
ゼクシィ縁結びのコラムに監修として携わるなど、活躍の場を広げている。
著書に『3ヶ月でベストパートナーと結婚する方法』（かんき出版）、
『3年以内に成功する男、消える男』（フォレスト出版）、
『1日5分で夢が叶う 日記の魔法』（中経出版）

あなたの生きづらさ“昭和な呪い”のせいでした

―――古い価値観から心を解放するマインドエクササイズ

2024年12月4日　初版第一刷発行

著者　松尾知枝
発行人　宮澤明洋
発行所　株式会社 小学館
〒101-8001　東京都千代田区一ツ橋2-3-1
編集　03-3230-5905
販売　03-5281-3555
印刷所　萩原印刷株式会社
製本所　株式会社若林製本工場
ブックデザイン　秋吉佐弥佳
イラスト・漫画　真己京子
協力　遠山淳子、やまのうちなおこ、安田典人
制作　宮川紀穂、高橋佑輔
資材　池田 靖、尾崎弘樹
販売　楫野晋司、坂野弘明
宣伝　秋山 優、山崎俊一
校閲　小学館出版クオリティセンター、小学館クリエイティブ
編集　長竹俊治

ISBN978-4-09-389177-6